Lars M. Lunova

Rock 'n' Roll-Niemandsland

D1618753

LARS M. LUNOVA

ROCK 'N' ROLL- NIEMANDSLAND

ODER

WIE ANGUS YOUNG MICH AUS DER TANZMUSIKHÖLLE RETTETE

Bibliografische Information der Deutschen Nationalbibliothek
Die Deutsche Nationalbibliothek verzeichnet diese Publikation in der
Deutschen Nationalbibliografie; detaillierte bibliografische Daten
sind im Internet über http://dnb.d-nb.de abrufbar.

Lars M. Lunova
Rock 'n' Roll-Niemandsland
oder
Wie Angus Young mich aus der TanzmusikHölle rettete

Berlin: Pro BUSINESS 2015

ISBN 978-3-86386-912-0

1. Auflage 2015

Ich stelle es mir durchaus schwer vor,
mit mir und dem Hrn. Rock 'n' Roll zu leben.
Ellen, Joanne, Jerry – ihr macht das ganz gut!
Dieses Buch ist für euch.

INHALTSVERZEICHNIS

VORWORT

Zweibrücken, eine Kleinstadt im südwestlichen Zipfel der Republik. In der selbsternannten Stadt der Rosen und Rosse leben rund 38.000 Menschen. Bis nach Frankreich rüber sind es 15 Kilometer. Nicht dass dort das pralle Leben wüten würde, jenseits der Grenze geht es nämlich ähnlich zu wie in unserer Ecke Deutschlands, sehr ländlich.

Eigentlich muss man über Zweibrücken auch nicht mehr wissen, denn hier ist Rock 'n' Roll-Niemandsland. Will man ein ruhiges Leben ohne Skandale, mit lauter schönen Vorgärten und kleiner überschaubarer Fußgängerzone, dann ist man genau richtig hier. Will man jedoch Konzerte, Party und Rockmusik ... tja, was dann? Entweder man pendelt ins benachbarte, aber 50 Kilometer entfernte Saarbrücken oder man fährt bis nach Mannheim, Mainz, Wiesbaden oder Frankfurt. Was aber, wenn man noch keinen Führerschein hat und als Jugendlicher gefangen ist in dieser Tristesse? Da bleibt nicht viel übrig, als sich schon früh einem Fußballverein anzuschließen oder sich einem anderen Hobby zuzuwenden.

> The *following* is a *true story*
> *Only* the *names have* been *changed*
> To *protect* the *guilty*.
>
> *Bon Scott*

KAPITEL 1
WE'RE A HAPPY FAMILY

… wenn ich so zurückschaue, hätte alles ganz anders kommen können. Ganz anders! Wäre mein Vater damals Fußballer gewesen oder hätte meine Mutter während meiner Pubertät nicht die Zugriffscodes für mich verloren, so wäre ich vielleicht bei irgendeinem westpfälzischen Drittliga-Fußballverein gelandet oder wäre zumindest Platzwart des selbigen. Warum Platzwart?

Klaro, die Aufräumwutausbrüche unserer Mutter wären auch an jedem anderen Heranwachsenden nicht spurlos vorbeigegangen, und so wäre ich vielleicht ein ordnungsliebender Platzwart geworden. Profitieren konnte ich jedoch immer schon davon, denn ein sauberer Proberaum ist und war mir in meinem bewegten Musikantenleben lieber als ein total versiffter Kellerraum, in dem neben Hunderten leerer Bierflaschen auch ein paar Instrumente standen!

Mein Vater war aber kein Fußballer. Also wurde auch ich keiner! Wenn ich an meine Kindheit zurückdenke, hatte er fast ausschließlich eine Gitarre in der Hand und Auftritte mit irgendwelchen Tanzkapellen oder Top-40-Bands rund um unsere Kleinstadt am Rande der Südwestpfalz. Zu Hause musste man ihn fast operativ von seiner Gitarre trennen. Wenn ein Bild aufzuhängen war, erledigte dies meine Mutter. Eine Glühbirne defekt – meine Mutter schritt ein. Staubsauger verstopft – dank Mutter nicht allzu lange (logisch, der Putzteufel benötigte ja Arbeitsmittel!).

Wenn es jedoch um die Mechaniken der zahllosen Gitarren in unserem Haushalt ging, dann, ja dann war er der Herr im Haus. Gitarren waren sein Ein und Alles. Ab und an war jedoch auch für ihn mal Hausarbeit angesagt, beispielsweise Geschirr spülen, denn damals war das Wort Geschirrspülmaschine noch ein Begriff ferner Zukunft. So warf er sich die sechssaitige E-Gitarre einfach in bester Bruce-Springsteen-Manier auf den Rücken, um im Anschluss an die ungeliebte Hausarbeit gleich wieder spielen zu können.

An dieser Stelle sei noch erwähnt, dass die Gitarre zumeist mit mindestens einem Kofferverstärker, der im Wohnzimmer stand, durch ein langes Kabel verbunden war. Später übte er auch schon mal mit einem kompletten Orange-Verstärkerturm, was wiederum bedeutete, dass es in unserem Haushalt fast täglich sehr laut zuging und alle Familienangehörigen und Nachbarn jeden gespielten Ton gut hören konnten.

Wenn ich sage, die Gitarre war oft mit einem Verstärker verbunden, so hatte dies so einige – im wahrsten Sinne des Wortes – Verwicklungen zur Folge, denn mehr als einmal stolperte ein Mitglied unserer Familie über ein kurz über dem Boden baumelndes Kabel.

Es gab dann einen lauten Plopp-Laut (Kabel reißt aus Gitarre oder Verstärker), gefolgt von einem väterlichen „Pass doch auf!" und einer weiteren nicht wirklich wichtigen Folgeaktion aus dem Sturz.

Einmal fiel wegen einer solchen Verwicklung mein Bruder mit der Stirn gegen unseren Wohnzimmertisch, worauf mein Vater seelenruhig zuerst das Kabel wieder einsteckte, dann seinen Gitarrenlauf nochmals übte und erst anschließend nach der Beule am Kopfe meines Bruders schaute, um sie dann für nicht so schlimm zu befinden.

Er hatte es mittlerweile durch sein konsequentes Üben zu einer erstaunlichen Schnelligkeit auf der Gitarre gebracht.

Gut, unser vierköpfiger Haushalt drehte sich logischerweise nicht nur um spülen (Geschirr) und spielen (Gitarre), es gab auch Ausflüge zu den Großeltern, die geliebten Sonntagsspaziergänge am Jägersburger Weiher, familiäre Diskussionen, Feste und Feiern wie Geburtstage, Weihnachten oder Ostern, aber diese Erinnerung – mein Vater mit seiner Gitarre – hat sich bei mir ziemlich verfestigt.

Auch die Art und Weise, wie er immerzu vor einem Spiegel stehend sein Spiel beobachtete und sehr selbstverliebt dreinschaute, hat sich bei mir eingebrannt.

Ich frage mich dann manchmal, ob ich beim Üben genauso schaue oder ob er vielleicht so manches Mal zumindest gedacht hat: „Spieglein, Spieglein an der Wand, wer ist der beste Gitarrist im Land?"

Während meiner gesamten Kindheit (die so ungefähr bis zu meinem 13. Lebensjahr dauerte, denn dann hatte ich das andere Geschlecht entdeckt) war also erziehungstechnisch größtenteils meine Mutter für mich und meinen Bruder zuständig!

Mein Bruder, drei Jahre jünger als ich, war schon sehr früh ein „Bad Boy". Er hatte immer ziemlich viel Mist im Kopf und heckte ständig irgendwelche Streiche aus, die wir dann oft zusammen ausbaden mussten. Denn es war meinen Eltern nicht immer klar, wer an den Taten beteiligt war oder eben auch nicht.

Ein Highlight in seiner Biografie war die Dreiradaktion. Ich kann mich erinnern, dass wir sehr oft mit unserer Mutter zu

Fuß in unserer Kleinstadt unterwegs waren, um einzukaufen. Mal abgesehen von der Tatsache, dass es aus Kindersicht relativ weit von unserem trauten Heim bis in die Innenstadt war, gab es für unsere Mutter bei solchen Ausflügen absolut nichts zu lachen. Wie es wohl auch heute noch der Fall ist, wollen doch Kinder immer alles haben. So auch mein Bruder und ich. Bei der Finanzlage unserer Eltern war dies aber nicht immer machbar. Unser Vater hatte sich zwar zur Bundeswehr verpflichtet – welcher Irrsinn –, unsere Mutter war aber bis dahin noch nicht wieder berufstätig. Logisch, sie hatte ja uns Jungs zu bändigen.

Bei diesen besagten Ausflügen in die Stadt hatte mein Bruder immer ein, zwei Späße auf Lager. Einer dieser Späße bestand zum Beispiel darin, in einem Kaufhaus ziemlich regelmäßig die Rolltreppe abzuschalten, um sich dann blitzschnell irgendwo zwischen den Kleiderständern zu verstecken. Nach einer solchen Abschaltung entstand immer ein heilloses Durcheinander auf der stillgelegten Treppe und ich kann mich erinnern, dass sogar mehrere Leute hinfielen. Vermutlich gingen damals sogar ein, zwei Beinbrüche auf das Konto meines Bruders, was ihm aber nie nachgewiesen werden konnte. Im Nachhinein betrachtet muss das Abschalten einer Rolltreppe auf kleine Kinder eine anziehende Wirkung haben, denn noch heute schreien die Treppen quasi nach jemandem, der sie deaktiviert. Oder warum ziert ein roter, manchmal blinkender Knopf jede Rolltreppe, die mir bis heute begegnet ist? Meist befindet sich dieser Knopf dann auch noch im direkten Einzugsbereich eines jeden Kinderfußes, am unteren Ende einer Rolltreppe. Achtet mal drauf!

Ein weiterer Spaß meines Bruders war das Verstecken-Spielen in großen Kaufhäusern. Ständig war er irgendwo verschwunden und konnte nur durch wild rotierende Kleiderständer lokalisiert werden. Es gab dann immer ein kurzes Kommando unserer Mutter, er solle das bitte unterlassen, aber da war er schon wieder verschwunden. Eines Tages war er dann mal so richtig weg. Er war einfach nicht mehr aufzufinden. Keine drehenden Kleiderständer, keine vor Panik aufschreienden Opfer einer seiner Rolltreppenattacken – nichts. Er war einfach nicht mehr da.

Wahrscheinlich hatte ihn ein geschädigtes Rolltreppenopfer entführt, um ihm mal Manieren beizubringen oder ganz grausame Rache zu üben. Er war weg! Spurlos verschwunden! Mutter verfiel in Panik und wusste nicht, was sie tun sollte. Also wurde unser Vater herbeitelefoniert. Er kam auch ziemlich schnell in das Kaufhaus, konnte jedoch meinen Bruder auch nicht finden, und so wurde kurz darauf die Polizei eingeschaltet. Personalien wurden aufgenommen, und anschließend gab es eine wohl für kleinstädtische Verhältnisse riesengroße Suchaktion. Mutter war völlig durch den Wind, und es blieb uns nichts anderes übrig, als unter Tränen nach Hause zu fahren, um abzuwarten. Hier erwartete uns dann eine Überraschung. Der kleine Kerl hatte sich in der Spielzeugabteilung des Kaufhauses auf ein Polizeimotorrad mit Elektromotor gesetzt und war damit ganz locker nach Hause gecruist. Freudestrahlend kam er uns entgegen. Meine Eltern waren natürlich glücklich, ihren verlorenen Sohn wiederzuhaben, andererseits gab es Ärger wegen seiner Tat. Noch heute wird diese Geschichte gerne bei Kaffeekränzchen meiner Mutter erzählt und sorgt immer wieder für reichlich Gelächter. Genau wie die Frage, ob meine Eltern das Elektrobike wieder zurückgebracht hätten, welche meine Mutter stets mit „Natürlich!" beantwortet.

Abgesehen von solchen Ausflügen und vielen weiteren Taten, die meine Mutter haufenweise Nerven kosteten, wussten wir ganz genau, an welchem Rädchen wir drehen mussten, wenn das Taschengeld knapp war, wir jedoch ein Eis, ein Auto oder ein Playmobilmännchen bekommen wollten. Playmobil war schon damals der Renner, und die Figuren sollten mich auch bei meinem Ziel Rockmusiker zu werden, auf eine ganz bestimmte Art beeinflussen! Doch dazu später.

Manches Mal gab es beim Thema Taschengeldzuschuss natürlich ein „Nein!" von unserer Mutter, aber wenn ich zurückblicke, ging es uns was das Spielzeug betrifft recht gut, und wir waren eigentlich immer up to date, was die Spielsachen an ging.

Es war die Zeit von Lego, Playmobil, Barbie und natürlich Big Jim, einem aus heutiger Sicht ziemlich schlicht zusammengebauten Bodybuilder-Muskelmann aus Plastik mit einer Bizeps-Manschette am Arm. Drückte man auf den Rücken des 25 Zentimeter großen Typen, so zerschlug Big Jim ein zweiteiliges Holzbrett aus Plastik. Hunderte Male zerschlugen wir dieses Brett, Papierstreifen oder auch kleine Stöckchen und träumten davon, selbst so zu sein wie er. Muskelbepackt und dazu die Gitarre unseres Vaters um den Hals. Erst neulich fand ich im Ebay-Angebot einige alte Big-Jim-Figuren und ertappte mich bei dem Gedanken mitzubieten. Aus Nostalgiegründen!

Wir saßen also da in unserer Vier-Zimmer-Wohnung, spielten mit unseren Figuren, und im Hintergrund dudelte Vater irgendwelche Santana-Gitarrenläufe. Er stand da, wie immer vor seinem Spiegel, den Mein-Gott-bin-ich-cool-Blick aufgelegt, aber wenn ich so nachdenke: Wo war in solchen Momenten eigentlich unsere Mutter?

Sie war zwar immer körperlich anwesend, jedoch oft irgendwie untergetaucht. In einer Erinnerung sehe ich sie am Wohnzimmerfenster sitzen. Sie schaut aus dem Fenster oder redet mit einer Nachbarin, die ebenfalls aus dem Fenster schaut. War diese Erinnerung nun eine einmalige Sache oder kam das durchaus öfter vor? Ich kann es nicht mehr mit Bestimmtheit sagen. Vielleicht träumte sie von der großen, weiten Welt. Schließlich hatte sie unseren Vater nach kurzer Bekanntschaft und meinem ungeplanten Eintreffen im Jahr 1968 geheiratet, bevor er zur Bundeswehr einrücken musste. Sie hätte sich mit Sicherheit auch ein anderes Leben vorstellen können.

Auf jeden Fall lebten wir in den ersten Jahren meiner Kindheit in einem Mehrfamilienhaus in einer Bundeswehrsiedlung, in dem es ständig Nachbarschaftsgespräche gab. Denn während die Familienväter gedrillt wurden und den Angriff der Roten Armee erwarteten, kümmerten sich die Frauen um Haushalt, Kinder und Erziehung. So wuchsen zwangsläufig Frauenfreundschaften, die sich zum Teil bis in die Rentenjahre erstreckten. Erstaunlich war, dass die Frauen der höheren Dienstgrade nicht unbedingt etwas mit den Frauen der niederen Dienstgrade zu tun haben wollten. So wurde also auch im Privatleben eine Art Rangordnung beibehalten, die für uns Kinder aber nicht zum Tragen kam, denn wir spielten durchaus auch mit Hauptmannssöhnen oder Leutnantstöchtern.

Unsere Großeltern wohnten damals im zirka einhundert Kilometer entfernten Frankenthal, und es kam uns beiden Jungs immer wie eine halbe Weltreise vor, wenn wir die beiden Parteien besuchten. Sie lebten immer noch in der gleichen Stadt, in der unsere Eltern sich kennen und lieben gelernt hatten. Allerdings war das großelterliche Verhältnis meines Wissens immer eher angespannt. Eigentlich klar, denn Vater hatte meine Mutter in ziemlich jungen Jahren geschwängert und mir so die Eintrittskarte ins Leben beschert. Damit konnten alle beteiligten Omas und Opas nicht zufrieden sein, denn meine Mutter hatte zum damaligen Zeitpunkt noch nicht einmal ihre Ausbildung zur technischen Zeichnerin abgeschlossen. Ganz zu schweigen von meinem Vater, der zum Zeitpunkt des Beischlafs noch nicht einmal achtzehn war und seinerseits noch ein Lehrjahr als Schriftsetzer zu absolvieren hatte.

Uns Kids mochten die Großeltern aber sehr gern. Wir wurden bei unseren monatlichen Besuchen regelrecht mit Süßigkeiten und Taschengeld verwöhnt. Deshalb fuhren wir in den Kinderjahren auch sehr gerne hin. Logisch! In den Ferien schliefen wir manchmal „in der Ferne", und daran habe ich speziell in einem Fall eine musikalische Erinnerung.

1981, ich war 13 Jahre alt, veröffentlichten Saxon ihr legendäres „Denim and Leather"-Album. Im großelterlichen Haus gab es mal wieder Taschengeld, und die besagte Langspielplatte musste sofort angeschafft werden. Stolz wie Oskar trug ich die neue Saxon zu meinen Großeltern Anni und Kurt. Es sei noch erwähnt, dass der Kauf einer Langspielplatte für einen jungen Rockfan ein ganz besonderes Erlebnis war, denn man hielt mit einer LP so richtig etwas in den Händen. Es bereitete mir großen Spaß, die Plastikfolie zu entfernen, um mir dann das Cover erst mal in aller Ruhe anzuschauen. Anschließend zog man das Innencover aus der Hülle und freute sich, wenn dieses mit vielen Bildern oder gar den Songtexten versehen war. Denn dann konnte man die Texte mitlesen oder sogar auswendig lernen. Auch so entwickelte sich bei mir schon sehr früh der Spaß an der englischen Sprache. Als Jahre später die Compact Discs in Mode kamen, ging dieses Gefühl für mich flöten. Zwar waren Cover und Texte die gleichen, aber alles war viel kleiner geschrieben und somit mühevoller zu lesen. Eine weitere Sache war der Geruch einer neuen Schallplatte oder besser gesagt der Geruch der Hülle und der Innenhülle. Das bedruckte Papier hatte einen völlig eigenen Duft, der für mich Mitte der Achtzigerjahre durch meinen vermehrten Kauf von CDs verloren ging.

Ich verzog mich also ins Wohnzimmer, legte die neue Saxon auf, und als die ersten Töne von „Princess Of The Night" erklangen, kam meine Oma wie vom wilden Affen gebissen hereingestürzt und erzwang eine drastische Reduktion der Lautstärke. Das war definitly kein Karl Moik!

Eine weitere Begebenheit, die ich noch Jahre später erzählte, hatte mit der Tatsache zu tun, dass ich mir unheimlich gerne alte Fotos in den Fotoalben meiner Großeltern anschaute. Hierbei erstaunte es mich immer und immer wieder, dass die alten Bilder nur in schwarz-weiß gehalten waren. Ich war lange der festen Überzeugung, dass die Welt von damals noch farblos gewesen war, denn Felder, Wiesen, Autos, Menschen und Tiere waren immer nur in schwarz, weiß oder eben grau abgebildet. Irgendwie konnte ich mir dieses Phänomen in meinen Kindheitstagen nicht erklären, und es blieb mir lange rätselhaft. Riesengroß war demzufolge der Schreck, als ich die ersten alten Farbfotos sah, auf denen es richtige Farben wie im echten Leben gab. Wo kamen denn die auf einmal her?

Mein Opa Kurt erklärte mir stets alle Fotografien aus ihren zahlreichen Alben und schwelgte in Erinnerungen an seine Jugend, was mich und meine Aufmerksamkeit immer wieder sehr gefangen nahm.

Er hatte Stahlbauschlosser gelernt und war dann lange als Monteur im Brückenbau tätig. Da er und seine junge Frau (meine spätere Oma) in der sehr schönen Moselregion aufgewachsen waren, machte er mir unmissverständlich klar, dass jede Brücke über die Mosel logischerweise von ihm errichtet worden war, ehe die Amis 1945 kamen, um sie zu zerstören. Dies nahm er den Besatzern persönlich sehr übel, obwohl sie nach dem abscheulichen Krieg, der ihm seine Brüder genommen hatte eigentlich und endlich den Frieden brachten. Andere Mitbringsel wie Chewing Gum oder die sogenannte Besatzerbrause Coca Cola konnte er auch Jahre später immer noch nicht leiden.

Sehr bildhaft schilderte er mir oft seine Brückenbauarbeiten und die anschließenden Trinkgelage, die es zu jeder Brückeneinweihung gegeben haben muss. Auch die Bekanntschaft mit dem weiblichen Geschlecht sparte er dabei nie aus, und ich schloss schon sehr früh daraus, dass er ein ziemlicher Hallodri und Frauenheld gewesen war.

Bei seinen Erzählungen kam er auch immer wieder auf seine Militärzeit zu sprechen, die ihn erst zur Hitlerjugend und dann in russische Gefangenschaft verschlagen hatte. Schon sehr früh erfragte und verstand ich daher die Zusammenhänge der deutschen Vergangenheit, wenngleich Opa diese Zeit sehr glorifizierte. Dennoch spürte ich auch immer wieder eine Traurigkeit in ihm, wenn es um seine in den Kriegswirren gefallenen Brüder oder Kameraden ging.

Oma Anni hingegen war eine sehr ruhige Frau, die den besten Apfelkuchen der Welt backen konnte. Gerne erinnere ich mich an die gemeinsamen Nachmittage, bei denen ich ihr helfen durfte, jedoch gut und gerne die Hälfte der Backzutaten schon vorher wegnaschte. Sie schimpfte meines Wissens nie, denn sie hatte diesen Schwund wohl mit einkalkuliert.

Anni war im Krieg während eines amerikanischen Fliegerangriffes auf Trier unter ihrem Elternhaus verschüttet worden und konnte daher nie wieder ihren erlernten Beruf als Näherin ausüben. Oft lag sie auch in späteren Jahren noch auf ihrer Couch und klagte über sehr starke Kopfschmerzen, die wohl von ihren Schädelverletzungen herrührten. Einmal sah ich als Kind ihre Narben am Hinterkopf, woraufhin ich sehr erschrak, denn ich konnte mir nicht erklären, wo dieses sehr große Aua herkam. Sie erklärte es mir Jahre später, und ich verstand.

Auch bei meinen Großeltern väterlicherseits war ich gerne, denn die beiden waren begeisterte Angler und sehr engagiert in Sachen Fischzucht. Sehr oft durfte ich in den Ferien auch dort schlafen, um frühmorgens mit den beiden zu einem nahe gelegenen Weiher zu fahren, wo wir drei dann Forellen fischten. Die morgendliche Stille an den mit Nebelschleiern verhangenen Weihern, die Wurstbrote und der warme Pfefferminztee aus der Thermoskanne sind Kindheitserinnerungen, die ich auch heute noch sehr lebhaft vor mir sehe. Ich kann mich jedoch nicht daran erinnern, ob mein Bruder jemals bei diesen Ausflügen dabei war.

Die Autofahrten zu unseren Großeltern kamen uns damals oft unendlich lange vor, allerdings erinnere ich mich auch sehr gerne daran, denn das Autoradio spielte die aktuellen ABBA-Hits, und die gesamte Familie sang lauthals mit, auch wenn nur mein Vater halbwegs Englisch verstehen konnte. So wurden die Texte und Refrains ganz einfach so mitgesungen, wie man sie verstand. Keine Ahnung, ob ich je die richtigen Worte traf, für Melodien und Rhythmus bekam ich aber schnell ein Gefühl.

Wie auch diese kleine Episode zeigt, spielte Musik schon früh eine große Rolle in meinem Leben. Immer, ich betone immer, lief irgendwo Musik in unserem Haushalt! Sei es im Radio – bevorzugt SWF 3 – oder aus der ersten wirklich guten Stereoanlage unserer Eltern, die auch mit einem Kassettendeck sowie Schallplattenspieler ausgestattet war. Den ollen Phonoschrank aus Omas Zeiten hatte man endlich zum Sperrmüll geworfen.

Jetzt kann man sich vorstellen, dass ich schon in jungen Jahre mit dem Mixen, dem Zusammenstellen von Musikkassetten in Berührung kam, einer Tätigkeit, der ich auch noch heute mit Vorliebe nachgehe. Allerdings ist das Medium Kassette heute in den Hintergrund getreten, obwohl es mir theoretisch noch möglich wäre. Aber wer, bitte schön, meiner potenziellen Hey-ich-hab-hier-ein-geiles-Mix-Tape!-Opfer besitzt heute noch ein Tapedeck? Heute dreht sich alles um CDs oder mp3-Formate. Aber ich bin ja erst am Anfang meiner Geschichte und ungefähr im Jahr 1976 angelangt.

Musik war also ein Lebensinhalt, der mich sehr früh prägte. Die Stimme von Frank Laufenberg im Radio, der die neuesten Musiknews ausplauderte, war für mich wie die eines Musikpapstes. Jedoch nur bis zu dem Punkt, an dem er Mitte der Achtzigerjahre in einer Radiosendung AC/DC als eine Art Simpel-Rock 'n' Roll-Mucke titulierte, die über das ewige Dutz-Datz-Schrammel-Schrammel niemals hinauskommen würde. Herr Laufenberg blieb damals nur am Leben, weil mich meine fünf besten Freunde unter Aufbietung all ihrer Kräfte daran hindern konnten, sofort zum Südwestfunk nach Baden-Baden zu trampen, um die Menschheit von diesem völlig überbewerteten Moderator zu erlösen. Er hatte die Götter beleidigt und war es also nicht mehr länger wert, angehört zu werden.

So war ich in meiner Kindheit. Musik war mir sehr wichtig, wichtiger als meine schulische Laufbahn. Ich kann mich noch heute eher an die Top-Hits der damaligen Charts erinnern als an Dinge oder Begebenheiten aus meiner Grundschulzeit. So weiß ich beispielsweise nichts mehr über meine Klassenlehrerin in der Grundschule, lediglich ihren Namen (Frau Burger), und die Tatsache, dass sie einen silberfarbenen Ford Capri fuhr. Sehr lebhaft kann ich mich hingegen an den Auftritt der Band Sailor mit ihrem Doppelklavier erinnern, als sie bei Ilja Richters Disco „A Glass Of Champagne" spielten.

Grundschule war für mich eine Einrichtung, in die man zwangsläufig musste, die einem aber letztendlich den Vormittag verdarb, den man ja besser mit seinen Freunden hätte verbringen können. Darüber hinaus blockierte die Schule dann noch den halben Nachmittag, da es ja auch damals schon eine so schöne Erfindung wie Hausaufgaben gab. Der große Vorteil des Nachmittags war aber, dass ich das geliebte Radio einschalten konnte und zum Leidwesen meiner Mutter nur mit Musik „arbeitete".

Selbstverständlich kam sie immer mit solch schlauen Sprüchen, man könne sich ja wohl so nicht konzentrieren und die Wissenschaft könne dies auch einwandfrei belegen. Komischerweise hielt ich diese hochwissenschaftlichen Erkenntnisse aber für völligen Quatsch, da die Professoren und Forscher sowieso keinen Plan von vernünftiger Musik hatten. Ich konnte Mutters Argumente auch hervorragend widerlegen, denn wer solchen Klassik-Mist hörte und auch sendete, wie das, was an jedem Wochenende beim Sonntagskonzert im Radio oder im Zweiten Programm des Fernsehens lief, konnte ja wohl nur von alten, nicht für Rock 'n' Roll tauglichen Professoren und Sendeleitern bestimmt worden sein. Da man ja sonntagmorgens keinerlei Konzentration benötigte, schien mir dies hierfür genau die richtige Musik zu sein. Für hochkomplizierte Divisions- und Multiplikationsaufgaben, wie ich sie in der 4. Klasse lösen musste, schien mir das Radio also das absolut richtige Förderprogramm zu sein.

Da mein Vater in dieser Zeit gerade seinen Dienst bei der Bundeswehr beendet und eine Umschulung zum Erzieher begonnen hatte, oblag meiner Mutter der Hausaufgabenüberwachungssektor inklusive der allmittäglichen Radio-an-oder-aus- Diskussion. Hier stand sie aber zu meiner Freude allein auf weiter Flur, denn wenn mein Vater mal zu Hause war, blieb zwar das Radio in meinem Zimmer abgeschaltet, jedoch hörte ich dann immer die lauten Gitarrenübungen meines alten Herrn und benötigte somit ja kein Radio. Wenngleich er nie die aktuellen Top-Hits spielte.

Es muss wohl auch in dieser Zeit gewesen sein, dass der Bruder eines Klassenkameraden und dessen Schulfreund angefangen hatten, Gitarre zu lernen, was mir natürlich nicht verborgen blieb. Die beiden saßen oft im Nachbarzimmer eines damaligen Schulfreundes und übten, während wir mit der neuen Carrera-Bahn spielten. Mehr als einmal ging ich zu den beiden, um den Klängen zu lauschen. Interessanterweise spielt einer der beiden Gitarristen heute immer noch in einer angesagten lokalen Band (auf die ich später noch zu sprechen komme) und ist obendrein noch Betreiber einer Musikkneipe. Wie ich mich dunkel erinnern kann, zeigte mein Vater ihm damals gelegentlich ein, zwei Sachen auf der Gitarre, was aber nie in richtigen Unterricht ausartete. Es reichte aber so weit, dass noch Jahre später besagter Gitarrist meinen Vater als den Musiker benannte, der ihn auf die Rockspur gebracht hatte, was mich wiederum, im Nachhinein betrachtet, doch etwas mit Stolz erfüllt.

Zur musikalischen Bandbreite meiner Eltern möchte ich natürlich auch einige Zeilen verlieren. Beide wuchsen mit den Beatles, den Rolling Stones und den Kinks auf, wobei meine Mutter eher die Beatles favorisierte. Hier hatte es ihr vor allem der nette Paul McCartney angetan. Auch seine spätere Band The Wings stand bei ihr hoch im Kurs. So besaß sie schon damals alle Alben der Beatles, und zwar die Originalpressungen, wie sie immer wieder betonte.

In diesem Zusammenhang fällt mir ein, dass ich wohl im zarten Alter von zwei Jährchen die Beatles-LP-Sammlung meiner Mutter in die Hände bekommen haben muss, denn noch heute zieren Bissspuren manche Plattenhülle der Originalpressungen. Wahrscheinlich waren damals die Lebensmittel in unserem Haushalt sehr knapp, denn die Langspielplattensammlung meines Vaters war sehr umfangreich, und eine neue Gitarre kostete wohl auch schon ihren Preis.

Auf jeden Fall war mein Onkel, der jüngere Bruder meiner Mutter, immer total begeistert von der Sammlung meiner Eltern, da er wiederum in seinem Freundeskreis mit den alten Scheiben glänzen konnte. Er war es dann Jahre später auch, der mir eine Langspielplatte auslieh und sie bis heute nicht mehr zurückbekommen hat, denn ich hatte mich bereits infiziert: Sex Pistols „Never Mind The Bollocks".

Mein Vater war im Gegensatz zu meiner Mutter mit ihrem McCartney-Tick eher der härteren Musik zugetan. Er stand mehr auf die Stones, Grand Funk Railroad, Cream und später auch Thin Lizzy. Fan war er aber vor allem vom bereits erwähnten Carlos Santana und seiner Band. Ständig dudelten minutenlange Gitarrensoli von Carlos oder meinem alten Herrn in unserem Haushalt, begleitet von den Percussionrhythmen der Santana Band. Man muss sich das in etwa so vorstellen: Eine Langspielplatte auf dem Plattenteller, Lautstärke auf 10, und dann war mein Vater und seine Gitarre live dabei. Dann war er Carlos, egal ob irgendjemand Hausaufgaben machen oder telefonieren musste oder eben über irgendwelche Kabel stolperte. Das passierte halt live on stage. Als Krönung schien es für ihn bei einer Santana-Live-Scheibe oft notwendig zu sein, die Fenster unserer Wohnung sperrangelweit zu öffnen, um jeden an seinem Spiel teilnehmen zu lassen.

Als wir später nach Homburg ins benachbarte Saarland umgezogen waren (nein, nicht etwa wegen aufgebrachter Nachbarn), begab er sich auch auf den Balkon unserer Wohnung.

Den Verstärker hatte er natürlich noch etwas lauter gedreht, sodass er sich gut hören konnte und um das Open-Air-Feeling vollkommen auszukosten. Wo war in solchen Momenten eigentlich unsere Mutter?

Unser Sex Pistols Onkel spielte damals übrigens auch etwas Gitarre und ließ sich von meinem Vater bei den gelegentlichen Besuchen ein, zwei Griffe zeigen. Um für solche Eventualitäten gerüstet zu sein, legte sich mein Vater recht schnell eine zweite Gitarrenanlage zu, wohl um auch meinem Onkel das Livegefühl vermitteln zu können. Weitere E-Gitarren ließen von da an natürlich nicht lange auf sich warten. Vielleicht vermutete er, noch mehrere Schüler unterrichten zu können, denn wir hatten einige Jahre später vier bis fünf elektrische Gibson-, Fender- und auch Guild- oder Rickenbacker-Modelle zu Hause stehen. Die Schüler blieben zwar aus, aber egal – die Gitarren waren ja für den Notfall da!

Der geneigte Leser stellt sich nun natürlich die Frage, was wohl die Nachbarn zu solch musikalischen Eskapaden zu sagen hatten. Nichts. Ich kann mich wirklich an keine einzige Auseinandersetzung mit den Nachbarn erinnern. Nicht wegen zu lauter Gitarren und auch nicht wegen zu lauter Plattenspieler. Ich wuchs also rundum in einem musikalischen Umfeld auf. Darüber hinaus förderte mein Vater bei mir auf seine Art und Weise schon sehr früh alle Interessen, die auch nur im Entferntesten mit Musik zu tun hatten. So bastelte er mit mir für ein oder zwei meiner Playmobilfiguren Minigitarren aus dünnem Sperrholz und sogar ein Minischlagzeug für meine Playmobilband. Ich weiß noch genau, dass der erste Hit, den wir probten, „Fox On The Run" von The Sweet war, und das muss man sich in etwa so vorstellen:

Die Playmobilmännchen-Sweet-Band stand auf meinem Kinderbett, ich schaltete den Kassettenrecorder auf Play und die Nummer ging los. Lauthals sang ich mit: „... I, I, I don't wanna know your name ..." und bewegte dazu die Playmobilband mit meinen Händen, und wenn der Song vorbei war, ging es von vorne los! Nach drei- bis viermaliger Wiederholung kam mein Vater schließlich ins Zimmer, die Gitarre um den Hals, und übernahm letztendlich den Gitarrenpart der Sweet-Nummer live.

Ich ärgere mich noch heute, dass ich die Miniinstrumente nicht mehr besitze, sie sind wahrscheinlich on the road verloren gegangen oder irgendeiner Putzattacke meiner Mutter zum Opfer gefallen. Andererseits hätte ich mir ja jederzeit neue, bessere Utensilien bauen können.

Ein weiterer Gedanke damals war, direkt mit der Firma Playmobil Kontakt aufzunehmen, um gleich eine ganze Rockstar-Linie produzieren zu lassen. Es gab ja schließlich auch die Campingfamilie, die Ritterburg, das Piratenschiff oder die Feuerwehrstation. Warum also nicht die komplette Live-on-stage-Rock 'n' Roll Playmobil Collection mit rockenden Figuren, wehenden Haaren, Gitarren, Drums, Verstärkertürmen, Roadies, Trucks, Groupies, Merchandise-Stand und dergleichen wichtigen Details? Das hätte mir als Kind sicher ganz prima gefallen.

Bei all meinen Bemühungen, eine Rockshow auf meinem Bett nachzustellen oder aber auch später selbst reich und berühmt zu werden, muss man sich einerseits eine Mutter vorstellen, die für alle Schulbelange, Ernährung, Kleidung und dergleichen unnötige Details der beiden Halbwüchsigen zuständig war, andererseits einen Vater, der nichts im Kopf hatte außer seiner Musik und dem spielerischen Vertrautmachen seiner Sprösslinge mit selbiger Materie.

Wie sollte diese Ehe funktionieren? Bis dahin gut, denn der Laden lief ja, irgendwie!

KAPITEL 2
KISS

Bevor im Alter von 11 Jahren ein Umzug in unsere Nachbarstadt Homburg erfolgen konnte, dem ich mich nach anfänglichen Unmutsbekundungen dann doch beugen musste, hatte sich mein Inneres bereits dazu entschieden, einer Art Musik zu huldigen, die man grob erst einmal unter dem Begriff Rock einsortieren kann.

So richtig angefangen hatte alles mit meiner ersten Bravo und dem ersten Kontakt mit einer Schallplatte namens „Destroyer" von Kiss. Ich war bis dahin eher ein Jüngelchen wie jedes andere auch und lauschte den aktuellen Hitparadenklängen von Sweet, Smokie, Suzy Quattro und vor allem Udo Lindenberg. Meine Eltern fanden letzteren ziemlich cool, nachdem sie ihn in Saarbrücken live gesehen hatten, und seine „Ball Pompös"- Scheibe lief daraufhin bei uns rauf und runter. Noch heute kann ich fast alle Texte dieses Deutschrock-Meisterwerks beinahe auswendig singen, angefangen bei „Rudi Ratlos" bis hin zu „Gerhard Gösebrecht" oder „Cowboy Rocker".

In der ZDF-Fernsehshow Disco trat irgendwann ein Typ auf, der sich Plastic Bertrand nannte. Sein Single-Hit „Ça Plane Pour Moi" hatte bereits ein vermehrtes Zucken meiner Glieder verursacht, was aber (so dachte ich mir) am Herumgehopse des Belgiers lag. Hätte ich schon damals gewusst, dass die Zuckungen meinem Rock 'n' Roll Heartbeat entsprangen, ich hätte die famosen vier aus New York viel eher gesucht. Besagter Plastic-Bertrand-Song geriet Jahre später in meinem Bekanntenkreis berechtigterweise zu einer Art Insider-Rock 'n' Roll-Klassiker, mit dem man sich auch Jahre später noch zu 100 Prozent identifizieren konnte. Der Song rockt – that's it.

In der Bravo wurde seinerzeit ständig über die Kiss-Jungs berichtet, die mit ihrer Schminke, ihrer Show und nicht zuletzt ihrer Musik immer wieder für Aufsehen sorgten. Kirchliche Organisationen hatten sich sogar gegründet, um gegen diesen „Ausbund der Hölle", gegen diese vier (aus meiner Sicht) Superhelden vorzugehen. Klar, dass man da als Heranwachsender hellhörig wurde, oder?

Und dann kam er, der Tag, an dem meine Mutter mit meinem Bruder und mir mal wieder in die Innenstadt zum Einkaufen musste. Bis dahin hatte ich Kiss nur als eine Horror-Rocktruppe mit Schminke, Pyros, Flammen und wildem Gehabe wahrgenommen, jedoch nie eine ihrer Langspielplatten angehört. Und so zog ich es diesmal vor, während des Einkaufs im Plattenladen Dworzak & Holzer (es gibt ihn leider schon lange nicht mehr!) auf die beiden zu warten.

Ich nahm also das besagte „Destroyer"-Album aus dem Regal, setzte mir in der hintersten Ecke des Geschäftes an einem dafür vorgesehenen Stehtisch den Kopfhörer auf und ließ den Anfang von „Detroit Rock City" an meine bis dahin jungfräulichen Ohren dringen. Im sinnlosen Leben des kleinen playmobilspielenden Jungen ging ein Licht an, ein zugegebenermaßen grelles Licht! Eine Offenbarung!

Der Rock 'n' Roll war angekommen, hatte eingeschlagen und eine tiefe, klaffende, aber ganz und gar schmerzlose Wunde hinterlassen. Ich verließ das Musikgeschäft als anderer

Mensch. Offensichtlich hatte sich binnen weniger Minuten eine Metamorphose vollzogen. Ab nun war nichts mehr wie bisher. Ich gab die komplette Playmobilsammlung noch am selben Tag an meinen Bruder weiter, verschenkte meine Micky-Maus-Hefte und sammelte von da an alles über meine Helden Kiss. Ich wollte so sein wie Gene, Paul, Ace und Peter. Ein Rockstar! Vielleicht sogar der fünfte Kiss. Dummerweise konnte ich mir an diesem Tag „Destroyer" mangels Geld nicht kaufen, aber nachdem ich die nächsten Male mein Taschengeld zusammengekratzt hatte, betrat ich den Plattenladen erneut und erstand dieses für mich bahnbrechende Meisterwerk.

Von da an nahm mich auch das Gitarrenspiel meines Vaters fast gefangen. Er war aus meiner Sicht dicht am Musikgeschehen dran, das verstand ich nun! Gut, er spielte seinerzeit in einer Tanzkapelle, aber er spielte vor Publikum, und ich war sein Sohn. Quasi fast schon im Rock Business zu Hause. Mehr als einmal fuhr ich mit ihm zum Aufbau oder zum Soundcheck seiner damaligen Band, mehr als einmal saß ich beim Trommler-Albert am Drum Set und schlug mehr schlecht als recht auf die Toms. Aber ich war dabei und stolz wie Oskar. Dies war meine Welt!

Parallel hierzu packte mich, mit finanziell schmal ausgestattetem Budget, die Sammelleidenschaft. Kiss-Fetzen aus jedem bravoähnlichen Heft wurden zusammengetragen. Und derer gab es viele: Pop/Rocky, Popcorn, Rocky – um nur einige zu nennen. Jeder noch so kleine Schnipsel wurde aufbereitet, chronologisch sortiert und archiviert.

Glücklicherweise gab es in unserer Nähe einen hervorragend sortierten Kiosk namens Zeitschriften Carbon, bei dem es möglich war, auch mal ein Heft durchzublättern, ehe man es kaufen oder so manches Mal auch ohne Bezahlung mitgehen lassen musste. Der Geldbeutel war wie gesagt nicht immer prall genug gefüllt, um die Kiss-Sammlung erweitern zu können. Mit diesem Kiosk verbindet mich auch folgende kleine Episode, die sich, wie sollte es anders sein, ebenfalls rund um das Thema Kiss drehte:

In der wöchentlich erscheinenden Bravo gab es damals immer einen sogenannten Starschnitt, den man sammeln konnte. Wenn man nun ungefähr 20 aufeinanderfolgende Hefte besaß, in denen immer donnerstags ein kleiner Teil eines Riesenposters abgedruckt war, konnte man sich seinen Star in Lebensgröße ins Zimmer pinnen, sofern man dort noch Platz hatte! Wer einen Starschnitt besaß, war seinem Star unendlich nah, denn er hing Tag und Nacht in der Nähe. Der Star war greifbar. Ein Hoch auf die Psychologen der Bravo-Redaktion.

Wäre damals Angus Young als Starschnitt in der Bravo gewesen, hätten 14 Tage wohl ausgereicht, da er aufgrund seiner Körpergröße sicherlich in zwei Ausgaben abzudrucken gewesen wäre.

Doch zurück zu Gene und Paul, die damals auf dem Starschnitt abgebildet waren. Warum eigentlich nicht alle vier, mit Ace – meinem Lieblings-Kiss – und Peter? Mir fehlte noch der letzte Teil, ich glaube es war ein Stück von Genes Krallenstiefelfuß!

Natürlich lief ich vor der Schule zum Kiosk, natürlich wollte ich pünktlich an der Bushaltestelle bei meinen Klassenkameraden stehen, natürlich hatte der Kiosk auch schon auf, doch der Bravo-Lieferant war noch nicht da. Also wartete ich ungeduldig und sah wie meine Schulfreunde aus dem Bus heraus winkend am Kiosk vorbei fuhren. Der Lieferant kam und ich erstand den letzten Teil von Gene und Paul, den ich ja eigentlich auch am Nachmittag noch hätte bekommen können. Egal! Ich kam erst zur zweiten Stunde in den laufenden Schulunterricht. Es gab Ärger, aber ich hatte die Schuhspitze von Gene. Er lächelte mich abends dafür an!

Nach und nach kaufte ich in den darauffolgenden Jahren alle Tonträger meiner Helden, und als ich „Alive II" in den Händen hielt, wurde ich fast ohnmächtig beim Anblick des aufgeklappten Innencovers. Gezeigt wird die komplette Bühne der damals wohl größten Liveshow der Welt mit allen darin enthaltenen Gimmicks, angefangen bei Gene, der Flammen spuckt, bis hin zu Peter, der auf seiner Drum Riser hoch oben über dem ganzen Geschehen thront. Ich begriff mit kindlichem Gemüt, was es heißen musste, einer Religion beizutreten und ihr nie wieder abzuschwören.

Doch bis jetzt drehte sich alles noch um Kiss und ich entdeckte, dass es für mich bald weit mehr gab als nur das. Ich hatte nur noch nicht begriffen, dass ich mir den Rock 'n' Roll-Virus in vollem Umfang eingefangen hatte, der sich ausbreiten würde und der sich mir von damals bis heute in vielerlei Facetten zu zeigen vermochte.

Doch dann kam erst mal der besagte Umzug in einen Vorort unseres Nachbarstädtchens Homburg, wo mich die tägliche Dosis Rock 'n' Roll erwartete. Denn der Umzug stellte sich im Nachhinein als für meine Musikalität sehr sinnvoll heraus. Die Freunde aus der Grundschule blieben mir glücklicherweise erhalten, was eines der Hauptargumente meiner Eltern war, als es zur Umzugsdiskussion kam. Ich sollte weiterhin auf der gleichen Schule bleiben, musste jedoch dafür jeden Morgen eine halbstündige Busfahrt in Kauf nehmen. Meine Eltern konnten zum damaligen Zeitpunkt allerdings nicht absehen, dass es durch den Umzug sehr viele der Erziehung abträgliche Schlupflöcher gab, die ich komischerweise auch sehr schnell fand.

Neue Freunde und viel Freiheit, das war etwas, das ich im vorpubertären Alter ganz gut gebrauchen konnte, ehe das weibliche Geschlecht in mein Leben treten durfte. Doch so weit war es vorerst noch nicht.

Die Grundschule ging zu Ende, und jetzt waren erst mal die großen Ferien angesagt. Es war allerdings schon klar, dass ich nach den Ferien auf die Hauptschule musste, da mir meine Ford Capri fahrende Lehrerin nur mittelmäßige Leistungen attestiert hatte.

Egal, die Ferien standen vor der Tür und ich machte mich auf, unsere neue Wohngegend zu erkunden. Wo sollte man aber in einer neuen Wohngegend neue Freundschaften schließen, wenn man dort noch keine Insider kannte? Naja, dachte ich mir und dehnte Tag für Tag meinen Aktionsradius auf meinem Fahrrad ein wenig aus. Zu Hause hörte ich weiterhin Kiss und mein jüngerer Bruder ging mir währenddessen mit seinen Playmobilfiguren auf die Nerven.

KAPITEL 3
AC/DC

In der Gegend gab es zwar jede Menge Kids, jedoch stellte sich schnell heraus, dass es sich um drei verfeindete Cliquen handelte und ich eigentlich von Anfang an nicht die Möglichkeit hatte, in eine andere zu kommen als die, in der ich dann auch landete! Die beiden Jungs, mit denen ich mich zusammentat, hießen Kalle und Frank und waren genau wie ich Zugezogene und schon deshalb ein Team.

Jeder der beiden hatte, genau wie ich, noch mindestens einen Geschwisterteil. Kalles Bruder hieß Rene und kann schon an dieser Stelle vom Leser wieder vergessen werden, da er sich von Anfang an als ABBA-Fan outete und mir daher, aber auch wegen seiner überheblichen Art ziemlich unsympathisch war. Ich war schließlich Rocker und wollte mit derlei weichgespülter Musik nichts mehr zu tun haben.

Kalle selbst war zwei Jahre älter als ich, also 13, und er war letztendlich derjenige, der mir nach zirka einer Woche Bekanntschaft das „Highway To Hell"-Album von AC/DC auslieh. Diese Tatsache allein machte ihn eigentlich damals zu einem Brother fürs Leben, wenn nicht später die Frauen dazwischengekommen wären! Den ersten AC/DC-Hörgenuss erhielt ich also bei ihm. Genauer gesagt saß ich nach mehreren Tagen in unserer neuen Wohngegend bei ihm zu Hause. In seinem Minizimmer legte er das besagte „Highway"- Album auf. Seit meiner Kiss-Taufe im Plattenladen hatte ich kein solches Gefühlserlebnis mehr gehabt.

Als das Titelstück an meine Ohren drang, wusste ich augenblicklich, dass ich soeben etwas Besonderes erlebt hatte. Einerseits war ich ja glücklich, einen neuen Freund gefunden zu haben, der mich auch gleich mit zu sich nach Hause genommen hatte. Andererseits empfand ich es als großes Glück und konnte kaum fassen, dass er dann auch noch musikalisch absolut auf meiner Wellenlänge lag. Was aber dann geschah, ist für mich nur schwer in Worte zu fassen, denn Angus Youngs Gitarrensalven trafen mich mit voller Breitseite und wischten mit einem Mal und binnen weniger Sekunden sämtliche Kiss-Gitarren einfach so weg. Sorry Ace!

Diese Energie gab es bei Kiss nicht. Diese Gitarren waren aggressiver, sie bissen sich regelrecht in mir fest. Paul und Ace klangen weicher. Die AC/DC-Gitarren waren hart, dreckig und hatten ein Maß an Druck, an Power, und sie klangen, als wären sie optimal aufeinander abgestimmt. Im Nachhinein betrachtet war das auch irgendwie klar, denn Malcolm und Angus Young hatten sich in jahrelanger Arbeit genau diesen Sound erarbeitet, ihn gemeinsam mit ihrem älteren Bruder Georg verfeinert und letztlich perfektioniert. „Highway To Hell" ist bis heute ein Meisterwerk. Doch die Gitarren waren noch lange nicht alles; diese Stimme, das gradlinige Drumming und das perfekte Arrangement der Songs bliesen mich förmlich weg. Diese treibende, pumpende Rhythmik von „Girls Got Rhythm" oder „Shot Down In Flames" waren so bei Kiss niemals aufgetaucht und dieser „Swing" sprachen mich auf eigenartige Weise an. Ich weiß, dass es weltweit Tausenden von Teenagern ähnlich ergangen sein muss, als sie dieses göttliche Meisterwerk zum ersten Mal hörten. Ich wusste erneut, dass es für mich keinen Weg am Rock 'n' Roll vorbei gab.

Der andere neue Freund hieß Frank, er war bereits 14 und er war der Sohn des neuen Chefs meines Vaters. Ein eher ruhiger Typ, der allerdings später mit mir die ersten echten musikalischen Wege beschritt. Frank war es, der mir das Van Halen Album „Women And Children First" auslieh und mich letztendlich auch in meinem Willen bestärkte, Rockstar zu werden. Frank beichtete mir irgendwann, dass er es echt cool finde, wie mein Vater Gitarre spielen könne. Was sollte ich sagen, ich war ja sein Sohn!

Ziemlich schnell stellte ich also fest, dass man als Zugezogener hier nur auf einer Seite stehen konnte. Als ich eines Mittags mit dem Fahrrad zu einem nahen Sportplatz gefahren war, machte ich Bekanntschaft mit den Alteingesessenen. Ich kann mich natürlich nicht mehr an die Namen der Jungs erinnern, lediglich daran, dass sie zum Glück nach den Ferien nicht mit mir im selben Bus zur Schule fahren mussten. Denn ich hatte nach einer kleinen Prügelei keine Lust mehr auf Nachschlag.

Aber ich hatte neue Freunde gefunden, und es kam auch nie wieder zu Streitereien mit den anderen, da wir ihnen eigentlich aus dem Weg gingen und ja auch ein neues, gemeinsames Hobby gefunden hatten: Rock. Jeder steuerte sein Wissen bei. Kiss, AC/DC, Van Halen, April Wine, Whitesnake – das war unsere Welt. Der Horizont wurde weiter, und ich entdeckte, dass es noch viele andere Hardrock-Bands gab. Trotzdem, an AC/DC kam damals keine Band auch nur annähernd heran, obwohl die Teeniepostillen Bravo oder Pop/Rocky immer wieder versuchten, eine Band als die Könige des Rock auszurufen. Dies war mir einerlei, denn ich mochte Kiss und AC/DC. Mit solchen Kleinigkeiten gab ich mich nicht ab. Warum sollte ich mich mit anderen Rockfans streiten? Wir waren schließlich vereint im Streit mit den Pop- und Disco-fans.

Doch dann passierte das Unfassbare: Kiss und AC/DC stiegen in die Hitparaden ein und kamen sogar im Fernsehen. Christian Simons Rockpop bildete die Speerspitze der Musiksendungen im Fernsehen, obwohl es den Rockpalast gab, der aber immer nur spät in der Nacht gesendet wurde.

Ich vergesse wohl nie mehr den Tag, als AC/DC zu Gast in Christian Simons Rockpop-Show im ZDF waren. Es war mein erster Sichtkontakt mit dieser Energie, die von den fünf Musikern ausging. Sie waren dort im Studio und spielten live. Es klang fantastisch! Allerdings hatten sie die „Highway To Hell"-Version etwas verkürzen müssen. Shit, so ging mir nämlich knapp eine Minute Hörgenuss verloren! Der Auftritt Bon Scotts war mir noch Wochen später in Erinnerung. Sein Gebaren, sein vom Rock 'n' Roll beseeltes Stage Acting! Er war für mich der Mann der Stunde! Besser als jeder von mir bis dahin gehörte Sänger. Und Angus Young? Der Typ schien völlig bekloppt zu sein. Wie er da in Schuluniform wild herumhopste und innerhalb weniger Minuten eine solche Energie produzierte. Unbegreiflich! „Highway To Hell" selbst war natürlich um Lichtjahre besser als die härteste Nummer im Tanzkapellen-Liveprogramm meines Vaters: „Bad Moon Rising" von CCR.

Es war wieder passiert, ich hatte eine weitere, eine dritte Lektion zum Thema Rock 'n' Roll erhalten. Mir stand die Welt offen, ich hatte die Connection zum Musikgeschäft, und ich spürte, dass es möglich wäre, so etwas aufzubauen, wie Bon Scott und AC/DC es bereits erreicht hatten. Es wurde mir immer klarer: Ich wollte Musiker werden, und mein Vater würde mir dabei helfen.

Etwa in dieser Zeit kam ich auf dem Weg zu einem Sportplatz immer öfter an einer Scheune vorbei, in der eine Rockband probte. An der Tür prangte damals ein Schild mit der geschwungenen Schrift Archangel Thunderbird. Der Schriftzug war zwar geschwungen aber auch zackig und entsprach den der gängigen Heavy-Metal-Logos. Während meine Freunde mehr als einmal am Sportplatz auf mich warteten, blieb ich ein ums andere Mal vor dieser Scheune stehen, um den Klängen zu lauschen.

Die Tür zu diesen vermeintlichen heiligen Hallen öffnete sich aber nie, und so konnte ich auch keinen verstohlenen Blick auf das werfen was sich dahinter so abspielte. Es rockte und rumorte lautstark im Inneren, aber es tat sich sonst nichts. Die Band war für mich irgendwie mysteriös. Bis heute weiß ich nichts über die Musiker, die sich hinter dieser Tür verbargen. Die Klänge von damals nimmt mir aber niemand mehr! Sollte einer der Musiker zufällig diese Zeilen in die Hände bekommen, rufe er mich bitte an, ich habe mich zu bedanken. Denn insgeheim freute ich mich, dass es auch in meinem näheren Umkreis Musiker gab, die der härteren Musik zugetan waren, anstatt Tanzmusik zu spielen. Noch heute ärgere ich mich über mich selbst, weil ich damals nicht einfach geklopft habe und eingetreten bin – was hätte denn schiefgehen können?

KAPITEL 4
DRUMS

Während ich weiter täglich mit dem Bus zirka 30 Minuten zur Schule fuhr, um die 5. Klasse der Hauptschule zu besuchen, wurde ich immer mehr in den Rockstrudel hineingezogen. Ich begann Gitarrenunterricht bei meinem Vater zu nehmen, den ich jedoch schon nach einigen Wochen abbrach, da mir die Finger ziemlich wehtaten. Mein alter Herr setzte natürlich alles daran, mich am sechssaitigen Eierschneider weiter aus-zubilden, doch er sah nicht, dass es dem jungen Rocker echte Schmerzen bereitete. War ich vielleicht ein Weichei? Nein, denn ich hatte ja ein Ziel und wollte nicht den Kopf jetzt schon, ganz am Anfang in den Sand stecken. Und so versuch-te ich mich am Schlagzeug.

Durch den glücklichen Umstand, dass mein Vater als Berufs-pädagoge mit Jugendlichen arbeitete, kam ich gut an einen Musikraum, der unweit unserer Wohnung lag und in dem mein Vater auch anderen Jugendlichen die Musik näher-brachte. So konnte ich nachmittags und an Wochenenden immer wieder üben. Da auch Frank angefangen hatte, bei meinem Vater Gitarre zu lernen, später dann jedoch auf den Bass umstieg, hatten wir eigentlich ab da unsere Zukunft fest vor Augen. Wir wollten es wissen! Frank am Bass und ich am Schlagzeug.

Es klappte, denn ich bekam ziemlich schnell einen vernünfti-gen 4/4 Beat zustande. Man sagt wohl landläufig Naturtalent dazu. Ich war mit der musikalischen Gabe gesegnet, während

Frank sehr leidlich eine durchgehende Basslinie spielen konnte. Mittlerweile war auch er viel öfter bei den Soundchecks
meines Vaters dabei, und auch Kalle sah ein, dass ich der
Sohn eines „Stars" war. So stieg irgendwie auch bei meinen
älteren Kumpels mein Ansehen, und Kalle sollte und wollte
in unserer geplanten Band recht schnell unser Sänger sein.
Doch bevor es richtig losging, geschah etwas furchtbar Erre-
gendes.

Frank hatte zwei Schwestern, von denen die eine wesentlich
jünger, die andere ein Jahr älter als ich war. Carmen, die grö-
ßere, strahlte etwas Unnahbares aus, und irgendwie machte
sich in mir ein Gefühl breit, wie ich es noch nie erlebt hatte.
Wenn ich sie sah, mit ihren langen, braunen Haaren und ihrem rundlichen Gesicht, merkte ich, dass es da irgendwie
etwas geben musste, was Jungs und Mädels magnetisierte.
Speziell Carmen war extrem anziehend.

Dummerweise stand sie aber auf einen mopedfahrenden Typ
der Alteingesessenen, was meine Chancen natürlich drastisch
verringerte. Aber immerhin würde ich ja bald Rockstar sein,
und zwar der einzige hier weit und breit. Mal abgesehen von
ihrem Bruder Frank und von Kalle, den sie aber schon vorher
hatte abblitzen lassen, wie man mir erzählte. Sie würde mir
zu Füßen liegen. Klar!

Doch es gab auch noch andere Mädchen, die mich interessier-
ten. Dreimal die Woche fuhr ich nämlich mittags im Stadtbus
mit einer Schönheit namens Manuela nach Homburg, mit der
ich auch noch knapp 500 Meter bis zu ihrem Haus laufen
durfte. Sie war zwar schon in der 9. Klasse und somit vier
Jahre älter als ich, aber ich fand sie einfach umwerfend und
freute mich schon am Tag vorher darauf, sie wieder im Bus

zu treffen. Natürlich bildete ich mir ein, dass auch sie mich irgendwie nett finden würde. Darauf angesprochen habe ich sie jedoch nie. War sicher auch besser so! Was sie wohl heute macht!?

Ich hörte die Nachricht abends im SWF 3 Hörfunk im Pop Shop und war erst einmal geschockt. Es war der 19. Februar 1980, als urplötzlich und für mich völlig überraschend der göttliche AC/DC Sänger Bon Scott verstarb. In den Tagen und Wochen darauf machten sich sehr schnell Horrornachrichten breit, wonach AC/DC aufgeben und sich auflösen wollten. Damals, 1980, war es mit Rocknews jedoch noch so, dass man sie entweder aus dem Radio erfuhr oder erst einige Tage später aus den Printmedien. Es verging also immer ein wenig Zeit, in der die Spekulationen schnell ins Kraut schossen. Letztlich wusste man nicht, was man glauben sollte. Im Prinzip also nichts anderes als heute, wo die Medienlandschaft dank social networking oftmals zu schnell reagiert und die Wahrheit auch erst mit einigen Tagen Verspätung ans Licht kommt (wenn überhaupt!).

Die Auflösungsgerüchte trafen mich wie ein Schock. Das konnte und durfte ja wohl nicht wahr sein! Soeben hatte ich diese geniale Band für mich entdeckt und nun sollte schon wieder Schluss sein? Jetzt waren die fünf Musikhelden gerade eben erst in mein Leben getreten, und dann das! Nein, das durfte wirklich nicht wahr sein. Wer sollte denn bitte schön in Zukunft meinen Lebenssoundtrack auf Platte bannen?

Bon Scott, der Typ, der mit seiner Wahnsinnsstimme auf „Highway To Hell" in mein Leben getreten war, der Gene und Paul mit einem Schlag gesangsmäßig hatte alt aussehen lassen. „Powerage", „If You Want Blood", „Let There Be

Rock" – all die Alben, die ich erst entdecken sollte, waren für sich genommen musikalische Geniestreiche, doch nun starb ausgerechnet der Mann, der die Songs so verdammt gut hatte klingen lassen. Wie sollte man so jemanden ersetzen?

Zu meiner Freude sollte es im AC/DC-Lager dann aber doch weitergehen, denn die Auflösungsgerüchte zerschlugen sich nach einigen Wochen und mit Brian Johnson wurde ein Neuer präsentiert. Ich war darüber natürlich einerseits hocherfreut, andererseits wollte Johnsons Stimme und auch sein Look für mich nicht so richtig in die Band passen. Wenn man Bon Scott gewöhnt war, dann fiel es einem nun schwer, diese neue Stimme richtig gut zu finden. Okay, ich hatte AC/DC erst vor Kurzem kennengelernt, aber ich war fasziniert von der Stimme, von der Art wie Bon Scott beispielsweise „Night Prowler" sang oder „sprach", und da konnte ich es mir nicht erklären, wie die Band so einen Verlust einfach ersetzen konnte. Mal abgesehen von der Tatsache, dass es schlichtweg unmöglich war einen zweiten Sänger wie ihn zu finden. Als Jugendlicher steckt man Veränderungen wie diese eben nicht so leicht weg, und es sollte sich bald zeigen, dass mit Brian Johnson und dem neuen Album Veränderungen kommen würden

Ich kann mich an den nächsten Schritt meiner AC/DC-Sozialisation noch ganz genau erinnern, denn als das „Back In Black"-Album erschien und ich einen zirka 1,50 Meter großen Pappaufsteller von Angus Young im Schaufenster eines Homburger Schallplattengeschäftes erblickte, war klar: der Rock ’n’ Roll-Teufel war zurückgekehrt. Angus stand da, schüttelte sich, der Schweiß flog, und das Gesicht war verzerrt zu einer Grimasse. Wie immer die Gibson SG im Anschlag! Das war Rock 'n' Roll pur. Wieder war es wie ein Zeichen für mich. AC/DC waren lebendig.

Ich weiß heute nicht mehr, wie oft ich dieses Meisterwerk damals angehört hatte, aber allein die Anfangsklänge von „Back In Black", Rudd zählt vier vor – und dann dieses Hammer-Riff –, sind mit das Beste, was ich bis heute vernommen habe. Unfassbar!

Aber es war Zeit für eine andere Band. Für meine Band! Noch beherrschte keiner von uns irgendein Instrument so richtig. Also bauten Kalle, Frank und ich Gitarren aus Holz und ein Schlagzeug aus Waschmitteltrommeln, denn wir hatten gehört, dass es bei einer Faschingsveranstaltung einen Playbackwettbewerb geben sollte. Wir hatten Großes vor, wir wollten der Welt zeigen, wer wir waren.

Täglich standen wir in Franks Zimmer und probten für unseren großen Auftritt. Während wir zu Beginn noch mit Tennis- oder Federballschlägern herumkasperten, zogen wir jetzt sogar echte Schnüre auf die gebauten Holzgitarren. So standen wird also da, sangen Playback zu irgendeinem Rocksong im Hintergrund und arbeiteten unser geplantes Stage Acting aus. Hier geschah es dann auch, dass ich es nicht mehr als peinlich empfand, wenn uns jemand beobachtete. Bis heute ist es eine für mich essenzielle Normalität, als darstellender Künstler auch einmal den albernen Weg zu gehen, sich nicht so todernst zu nehmen und eine Sache zwar verbissen zu proben, jedoch immer mit einem zwinkernden Auge auf sich selbst zu schauen!

Who cares, was andere von einem denken! Pah! Wenn ich damit zufrieden bin, zählt das weitaus mehr als tausend Wenn und Aber von Unwissenden! Auch wenn es damals ausgerechnet Carmen, Franks Schwester, war, die ab und an ins Zimmer schaute und mit einem ironischen Kommentar unser Tun zu stören versuchte. Tja, ausgerechnet Carmen, der fleischgewordene Traum des angehenden Rockstars. Aber ich würde es ihr sowieso zeigen.

Unser Baby, unsere Band brauchte noch einen Namen. Es sollte auch einer gefunden werden. Ein Name, der unsere Power, aber auch unsere Verdorbenheit und unsere Unantastbarkeit darstellte. Vorschläge gab es wohl viele, an die ich mich aber heute nicht mehr erinnern kann, denn der Name, den wir auswählten, war das Nonplusultra zur damaligen Zeit! Er sagte einfach alles und drückte obendrein unsere Gefährlichkeit aus, die wir pubertären Jünglinge auch gegenüber den Alteingesessenen präsentieren wollten: Wir waren die Hell's Devils! Okay, echt lächerlich aus heutiger Sicht, aber wir entwarfen damals ein Logo mit Totenköpfen und Knochen und waren hochzufrieden mit dem Resultat. Natürlich wurde selbiges auch auf die Bass Drum des Omo-Schlagzeugs gemalt, und ich meine mich daran erinnern zu können, eine Fahne als Bühnenhintergrund gemalt zu haben.

Es wurde täglich geprobt und wir entschieden uns letztendlich für eine Van Halen Nummer, die wir aufführen, ja zelebrieren wollten. Es sollte „Ain't Talkin´ ´Bout Love" sein. Frank als Van-Halen-Fan hatte sich bei der Tage andauernden Diskussion durchgesetzt.

In der Woche des Auftritts verdichtete sich allerdings Tag für Tag das Gerücht, dass auch andere Jugendliche ein Musikstück geprobt hatten. Hierzu muss erwähnt werden, dass die Faschingsveranstaltung innerhalb einer Jugendhilfeeinrichtung stattfinden sollte und es natürlich mehrere Programmpunkte geben würde, von denen der Playback-Wettstreit nur einer sein sollte. Konkurrenz konnte trotzdem nicht geduldet werden, es wurde einerseits geprobt, andererseits geforscht und gelauscht, wer wohl die (logischerweise) verfeindete Band sei.

Es blieb ein Geheimnis bis zum Tag des Auftritts. Genauer gesagt bis zirka eine Stunde vor dem Auftritt, denn wir sahen die anderen, als wir unser selbst gebautes Equipment, unsere Instrumente zum Ort des Geschehens schleppten.

Wir hatten bereits unser Rock 'n' Roll-Bühnenoutfit angelegt (zerrissene Jeans und T-Shirts mit unserem Logo, toupierte Haare und grell geschminkte Gesichter – ich war Ace, spielte aber witzigerweise Schlagzeug), da wir ja vor Ort keinerlei Garderobe erwarteten, als uns vier als Schwarze aus dem Busch geschminkte Jugendliche entgegen kamen.

Sie hatten selbst gebastelte Knochen als Mikrofone und trugen nichts außer kurzen Baströckchen. Ihre spindeldürren Jugendlichenkörper hatten sie mit dunkelbrauner Farbe angemalt. Pah, lächerlich! Hey, das war doch keine Konkurrenz für uns drei Ausgeburten der Hölle. Was wollten denn die vier Eingeborenen uns schon anhaben, uns angehenden Rockstars?

Die Stunde der Wahrheit rückte näher. Die Reihenfolge unseres Auftretens stand schon fest, und wir eröffneten nach einigen karnevalistischen Wortbeiträgen den musikalischen Wettstreit. Unser Tape lief, und es klang gut. Wir bewegten uns wie David Lee Roth, Angus Young, Ted Nugent, Paul Stanley und Peter Criss. Wir gaben alles. Kalle kroch auf dem Boden, wälzte sich beim Gitarrensolo hin und her, Frank stand über ihm und schnitt Grimassen. Beim Mittelpart des

Liedes zerstörte ich unabsichtlich eine meiner Trommeln, indem ich das Papierfell mit immerhin richtigen Drumsticks versehentlich durchschlug. Was wiederum meine Mitstreiter dazu veranlasste, gegen Ende des Songs ihre Instrumente in bester The-Who-Manier zu zerlegen. Gleiches tat ich dann natürlich auch mit dem restlichen Schlagzeug. Das Publikum war begeistert von unserem Auftritt, sah aber auch, dass es nicht mehr möglich war, eine Zugabe zu geben. Schließlich hatten wir keine Instrumente mehr!

Auch wenn damals unsere musikalische Auswahl nicht gerade jeden Fastnachtsgeschmack traf, unsere Darbietung war aus unserer Sicht der Beginn einer großen Karriere. Wir hatten das Publikum begeistert und ernteten einen Riesen Applaus – das Brot des Künstlers.

Unerträgliche Minuten vergingen, weitere gar lustige karnevalistische Wortbeiträge verlängerten unsere Qual. Doch dann war es so weit. Die vier Jungs kamen auf die Bühne und ihr Auftritt begann. „The Lion Sleeps Tonight"! Das Publikum klatschte, johlte, sang und tanzte mit. Noch während der Song lief, wurde uns klar, dass uns niemand verstanden hatte. Rock 'n' Roll war Subkultur, dies wurde mir schmerzlich bewusst. Mal abgesehen von der Tatsache, dass unser Beitrag auf dieser Karnevalsveranstaltung sowieso fehl am Platz gewesen war. Fasching – die Zeit zum Lustigsein und sich zu erfreuen an tanzenden „Wilden" mit lustigen Bewegungen und schwingenden Baströckchen. Wie hatten wir diesen Hort der Fröhlichkeit nur für unsere Zwecke zu nutzen versucht? Eigentlich war unser Vorhaben zum Scheitern verurteilt, schon bevor die erste Probe absolviert war. Wer hatte überhaupt diese bescheuerte Idee gehabt, unsere Musik beim Fasching präsentieren zu wollen?

Für mich wurde schlagartig klar, dass ich dies so niemals haben wollte. Niemals ein Normalo sein, niemals der Mitklatscher, niemals der, der mit der breiten Masse schwimmt und zum Schluss noch dafür belohnt wird, dass er alles so schön normgerecht präsentiert hat – womöglich im Baströckchen. Ich wurde nur noch mehr darin bestärkt, Rockstar zu werden, musikalisch das tun zu können, wonach mir der Sinn stand.

Noch heute denke ich beim Ertönen des Songs „The Lion Sleeps Tonight" (The Tokens) an all diese Dinge, die mir damals durch den Kopf gingen und die für mich heute zum Teil noch Bestand haben. Klar hatten wir irgendwie den Wettstreit verloren, obwohl es eigentlich nie einer gewesen war und obwohl uns nie mehr jemand darauf ansprach. Dennoch hatte ich für mich entdeckt, was ich oder wie ich oder wer ich sein wollte.

Einen kleinen Vorteil hatte der Auftritt aber dann doch. Carmen, Franks Schwester lächelte mir noch am gleichen Abend etwas länger als sonst zu und entschädigte mich so zumindest ein wenig für all die Mühen und den verlorenen Contest. Vielleicht ahnte sie schon, wo es mit mir hingehen würde. Vielleicht belächelte sie aber ganz einfach auch nur unser gemeinsames Herumgehampel.

Der gewonnene Gedanke, anders sein zu wollen als die große Masse, beflügelte mich, von nun an immer weiter am echten Schlagzeug zu üben. Dies sahen auch meine Eltern, sie entschlossen sich (wahrscheinlich war es eher mein Vater), mir zu Weihnachten mein erstes richtiges Drum Set zu kaufen.

Und so stand es Heiligabend 1980 da, mein richtiges Set – Marke Newsound.

Von nun an musste ich noch nicht mal unser Haus verlassen, um proben zu können. Ich war glücklich. Genau wie mein Vater legte ich meine Lieblingsplatten auf und trommelte dazu. Ich setzte meinen Kopfhörer auf, stöpselte ihn ein, verließ meine Umwelt und befand mich live auf den Bühnen dieser Welt. Wenn ich die Augen schloss, saß ich an den AC/DC Drums!

Es war wunderbar, denn es beschwerte sich nicht ein einziges Mal einer unserer Nachbarn. Oft kam mein Vater mit seiner Gitarre in mein Zimmer, und wir jammten zusammen. Zwei „Rockstars" in einer Familie, das gab es sonst nur bei den Bonhams oder den Lennons. Neben diesen tollen Momenten war jedoch auch die Zeiten gekommen, in denen unser Vater immer öfter Auftritte mit seiner Tanzkapelle spielte und unsere Mutter abends mit uns alleine zu Hause blieb. Es kam zu Streitereien, obwohl er gutes Geld mit nach Hause brachte. Die Ehe hielt aber, vorerst.

Kiss hatten bereits 1979 ihr „Dynasty"-Album veröffentlicht und alle Welt hievte die erste Single „I Was Made for Loving You" in die Pop Charts. Mir als Drummer gefiel von Anfang an jedoch die B-Seite der Single „Hard Times" um Längen besser, oder aber die Ace-Frehleys-Nummer „Save Your Love", zu der ich mehr als einmal trommelte. Kiss war nach wie vor ein Mysterium für mich und alle Gleichgesinnten. 1980 erschien allerdings parallel zu Kiss' „Unmasked", auf deren Cover sie sich über die ewige Jagd nach ihnen selbst ungeschminkt lustig machten, das bereits erwähnte „Back In Black"-Album von AC/DC.

„Back In Black", das bis heute meistverkaufte Rockalbum der Welt, schlug ein wie eine Rakete. Die erste Single, „You Shook Me All Night Long" erschien im August 1980 und stieg in den Charts rund um den Erdball nach oben. Der lebensgroße Papp-Angus, der in meinem Lieblingsplattenladen zu Dekozwecken ausgestellt war, um für „Back In Black" zu werben, wechselte nach Wochen des Bittens und Bettelns den Besitzer und gehörte alsbald mir. Ich hatte den Betreiber des Ladens so lange bequatscht, bis er mir das noch heute begehrte Sammlerstück endlich überließ. Ich weiß noch, wie ich ihn Fahrrad fahrend unter meinem Arm stolz wie Oskar nach Hause transportierte.

Ab nun waren Angus Young, Malcolm Young, Brian Johnson, Cliff Williams und Phil Rudd zuständig für die allmittägliche Beschallung des Jugendzimmers, während sich die allermeisten Restjugendlichen dieser Welt lieber mit Ultravox, Visage, der Goombay Dance Band oder auch Kim Wilde berieseln ließen. Zugegeben: Kim hatte einen schöneren Hintern als Angus, aber das war auch alles.

Einen weiteren Schlag in die Magengrube des jungen Rockers gab die aufbrandende Neue Deutsche Welle, bei der mehr oder weniger talentierte Künstler aus Deutschland die Charts zu attackieren versuchten und sogar – was noch viel schlimmer war – meinen Freund Frank in Beschlag nahm. Plötzlich stand er auf eher keyboardorientierte Klänge als auf verzerrte Gitarren. Unsere Freundschaft wurde auf eine harte Probe gestellt, wenngleich auch ich zwei, drei Artisten der NDW gut fand. Extrabreit benutzten zumindest keine Keyboards und bewegten sich textmäßig eher in der Lindenberg-Ecke. Für mich also Outlaws auf Deutsch! Ebenso Trio, eine Drei-

Mann-Punkkapelle, die dann jedoch wegen ihres minimalistischen Superhits „Da da da ich lieb dich nicht du liebst mich nicht" über Nacht in aller Munde waren und somit für mich wieder uninteressant wurden.

In meiner Schulklasse hatte sich mittlerweile die Musik als fester Bestandteil der Pubertät etabliert. Jedoch war es auch hier so, dass die Charts eine sehr große Rolle spielten. Was drin war, war cool! Ja, sogar AC/DC war plötzlich cool, aber die ganzen Pappnasen kannten wie immer nur die Single eines Albums und weiter nichts. Es gab mehr als einen, der sich einen der damals beliebten Buttons an die Brust heftete, obwohl er nur „Hells Bells" kannte. Während der echte, sich zu Hardrock bekennende Fan eine ganze Jeanskutte mit Buttons und Aufnähern seiner Heroen trug! Diese durfte natürlich von Muttern nicht gewaschen werden, sonst war Streit vorprogrammiert!

Die damaligen Lehrer bemängelten ein ums andere Mal die Sauberkeit der Arbeitsmaterialien, die ständig durch irgendwelche Musikgruppen-Logos verziert waren. Diese Art Kunst griff natürlich auch auf die schuleigenen Materialien wie Stühle, Bänke oder Toilettentüren über, die nun ausgiebig „verschönert" wurden. Denn schließlich wollte man sich ja an seinem täglichen Arbeitsplatz wohlfühlen. Die Lehrer hatten es in ihren detektivischen Bemühungen relativ leicht, die Übeltäter ausfindig zu machen, denn es tauchten in verschiedenen Klassenzimmern immer wieder die gleichen Schriftzüge auf, was auf die Schreiber schließen ließ. Natürlich war man es nie gewesen, der die Schulbank erst einmal mit der Klinge des Bleistiftspitzers traktiert und dann mit Tinte aufgefüllt hatte. Es sei denn, man wurde auf frischer Tat ertappt, wie es mir in der 8. Klasse passierte. Es folgte ein Schriftwechsel zwischen Schule und Elternhaus, dem ich aber zu diesem Zeitpunkt rein mental schon nicht mehr angehören wollte.

Die Schule forderte in ihrem Schreiben zwar die Anschaffung einer neuen Bank durch meine Eltern, diese konnten die Forderung aber irgendwie abbiegen, und es blieb bei mehrstündigem Nachsitzen und Abschmirgeln der Arbeitsfläche. Aus damaliger Sicht natürlich nicht schön, denn es ging einem kostbare Freizeit verloren. Allerdings bekam man, wenn man sich cool genug verhielt, vom betreffenden Lehrer eine Art unausgesprochenen Outlaw-Stempel verpasst, der einem dann von den anderen Schülern mittels verbalem Schulterklopfen bestätigt wurde. So hatte das Nachsitzen auch etwas Positives.

Wenn man seine Zeit nicht am Schlagzeug, beim Sammeln weiterer Kiss- oder AC/DC-Schnipsel oder mit dem Aufbereiten der malträtierten Schulmaterialien verbrachte, hing man in der Stadt herum und flanierte durch die Fußgängerzone. Hier traf man dann zwar ständig dieselben Leute, aber es gab untereinander immer irgendwelche Neuigkeiten zu berichten. Dort kam es dann zwangsläufig auch zu folgenschweren Begegnungen mit einigen meiner ersten Damenbekanntschaften, die mich heute zum Teil jedoch nicht mehr grüßen wollen. Wahrscheinlich hatte ich damals ihre Herzen zu sehr verletzt.

Die Stadt Zweibrücken betrieb zu diesem Zeitpunkt auch ein Jugendzentrum, welches allerdings einen eher schlechten Ruf besaß. Vielleicht war es aber gerade das, was uns daran interessierte oder zumindest mal daran schnuppern lassen wollte.

Tag eins im JUZ und ich fing mir sogleich von einem stadtbekannten Schlägerboy aus einer Assi-Dynastie eine heftige Tracht Prügel ein. Der schlechte Ruf der Location hatte sich für mich sogleich schmerzhaft bestätigt. Jedoch muss ich aus heutiger Sicht zugeben, dass ich als Normalo vielleicht nicht so sehr das Aufsehen dieses Kleinstadt-Schlägers erregt hätte. An diesem Tag trug ich aber meine voll bestückte, ärmellose Jeans-Rock 'n' Roller-Kutte. Vielleicht fürchtete er, seinen Ruf zu verlieren, wenn ein neuer König erst mal Herr im Hause gewesen wäre. So suchte ich mir vorerst also besser andere Plätze, an denen ich mich mit Freunden und Freundinnen treffen konnte.

Als ich auf dem Weg zu einem dieser Treffs einen Klassenkameraden von zu Hause abholen wollte, entdeckte ich, dass es wohl auch Mädchen gab, die durchaus auf Hardrock-Superstars abfuhren.

Im Nachbarzimmer dieses Freundes, den ich ab nun öfter besuchte, erblickten meine Augen ein DIN-A2-Poster von David Lee Roth, dem Sänger und Frontmann von Van Halen. Mit seinem langen, wallenden, blonden Haar kniete er gefesselt und mit schmachtendem Blick an einem Zaun. Der Ärmste! Höchst wahrscheinlich hatten ihn wild gewordene US-Emanzen gekidnappt, um ihn für immer von der Rock 'n' Roll-Bildfläche verschwinden zu lassen. Er war wohl offensichtlich eine Bedrohung für die Damenwelt geworden, und so hatten sie ihn aus dem Verkehr gezogen, gefesselt und versteckt.

Dieses Poster erweckte in mir vielleicht zum ersten Mal richtig das Gefühl, dass ein Rockstar unendlich viele Groupies haben muss, denn es hing im erwähnten Zimmer der Schwester des Freundes. Annette war schon sechzehn und sah klasse aus. Von da an war mir klar, dass man als Rock 'n' Roller auch die Superfrauen haben konnte. Ich befand mich also auf dem richtigen Weg.

KAPITEL 5
ONE, TWO, THREE, FOUR ...

Meine Musikerkarriere erhielt indes unerwarteten Aufschwung, als nämlich der reguläre Drummer der Jugendband, die mein Vater betreute, seine Berufsausbildung beendete und die Band verließ.

Ich bekam also meine Chance und nutzte sie, denn die Songs aus dem Programm kannte ich alle. Waren sie doch von meinem Vater zu Hause, wie immer im Beisein seiner gesamten Familie, für die Jugendband vorbereitet oder sogar neu arrangiert worden. So hatte ich es bei meinem Vorspiel einfach, denn die Abläufe der Lieder waren mir bereits bekannt.

So übernahm ich ziemlich kurzfristig die Trommelstöcke meines Vorgängers und spielte ab sofort in einer echten Band, mit wöchentlicher Probe. Die großen Konzerthallen der Welt waren für mich in greifbare Nähe gerückt.

Gut, ich war der Jüngste in der Band, aber ich war dabei und hatte nicht das Gefühl, von meinem Vater bevorzugt zu werden. So konnte ich mich frei entfalten und bereitete mich zu Hause am eigenen Drum Set auf die Proben vor. Dies sah mein Vater wiederum und würdigte mein Engagement mit gelegentlichen Geldspenden, die ich sofort in musikrelevante Utensilien wie neue Langspielplatten, Schlagzeugfelle oder Sticks investierte.

Alles in allem, so glaube ich, hatte ich im Vergleich zu meinem Bruder in dieser Zeit den besseren Draht zu meinem Vater. Bei meinem Bruder war es nämlich so, dass er den

Fußball mehr für sich entdeckt hatte und man ihn ständig mit neu gewonnenen Freunden auf dem Sportplatz fand. So wie es bei mir die Musik war, so sah er die Welt voller Bälle. Noch heute interessiert er sich mehr für diesen Sport, was sich aber auf den passiven Part beschränkt. Eigentlich spielte er bis zum Jugendalter in diversen Fußballvereinen und zog sich dabei zahlreiche Verletzungen und Schrammen zu, wie gesagt er war der Haudegen. Ständig klebte irgendwo ein Pflaster an ihm, wenn er sich nicht gerade mal wieder die Zähne ausgeschlagen hatte. Zu den Wochenendspielen, Turnieren und manchen Trainingseinheiten begleiteten ihn meine Eltern ziemlich regelmäßig, was mir dann wiederum mehr Freiraum verschaffte. So konnte ich zumindest in der Zeit, in der meine Eltern noch zusammen waren, durchaus tun und lassen, was ich wollte. Ich kann also sagen, eine relativ freie Jugendzeit verbracht zu haben.

Auch was Mädchen anging, hatte ich seitens meiner Eltern freie Hand. Ständig riefen die Girls bei uns an und verlangten nach mir. Meistens verwickelte meine Mutter sie in Gespräche, um sie ein bisschen auszuhorchen. Dies gelang ihr wohl ganz gut, denn die Girls fanden meine Mutter okay und plauderten gerne mit ihr. Beim Abendessen verwickelte sie mich dann wiederum oft und gerne in verfängliche Gespräche, die zumeist so begannen: „Steffi hat angerufen ...", „Ich denke, du gehst mit Sybille ...", „Wer ist denn die Heike?". Ich geriet zwar oft in Argumentationsnot, es gab aber nie Probleme deswegen. Zumindest mein Vater empfand es wohl als völlig normal, dass der pubertierende Rockstar-Bursche auch weibliche Kontakte pflegte.

Bei einer Fahrt in ein etwa 200 Kilometer entferntes Musikgeschäft, in dem sich mein Vater – wie sollte es anders sein – eine neue Gitarre kaufen wollte, kam es dann zum unausweichlichen Showdown: dem Gespräch unter Männern, dem bis dahin wohl peinlichsten Gespräch zwischen Vater und Sohn! Es war Zwangsaufklärungsunterricht angesagt.

Ich war damals 14 und wusste bereits alle relevanten Details aus der Jugendaufklärerin Bravo, außerdem hatte man ja auch schon das eine oder andere Mal Hand an sich gelegt, als man so alleine für sich in seinem Kämmerlein lag. Jetzt war es natürlich hochnotpeinlich, ausgerechnet mit seinem Vater auf engstem Raum über ein solch wichtiges Thema zu sprechen. Aber er machte noch nicht einmal das Radio leiser und fragte völlig aus dem Nichts, quasi von Null auf Hundert: „Weißt du eigentlich, wo die Kinder herkommen?" oder etwas in dieser Art. Natürlich wusste ich erst mal nicht was ich sagen sollte, denn das Gespräch kam wie gesagt aus dem Nichts, und so entwickelte sich ein peinlicher Vater-Sohn-Talk, an dessen Verlauf ich mich zwar nicht mehr detailliert erinnern kann, ich aber mit einem dicken Kloß im Bauch und peinlich berührt hoffte, dass dieses Gespräch doch bitte schnell vorbeigehen würde. Nach dieser Autofahrt, so dachte sich wohl mein Vater, wäre ich für alle Eventualitäten gerüstet, denn er kam nie wieder auch nur ansatzweise mit diesem Thema auf mich zu.

Auf jeden Fall gab es die oben erwähnten Damennamen wirklich. Den ersten Zungenkuss tauschte ich mit Heike K. auf der Rückbank eines Stadtbusses. Heike grüßt mich auch heute noch ganz nett, wenn sie mich sieht. Anscheinend hat sie an mich doch recht gute Erinnerungen.

Wirklich ernst war es mir erstmals mit Sybille F., denn sie sah ziemlich klasse aus, und das zählte letztendlich. Man(n) wollte sich ja schmücken. Wenn sie dann noch halbwegs gut küssen konnte? Da ich keinerlei negative Erinnerungen an Sybille habe, gehe ich davon aus, dass sie eine gute Küsserin war. Was ich mir aber bis heute verdammt gut gemerkt habe, ist Folgendes: Sie war Fan eines ziemlich üblen englischen Pop-Sängers namens Limahl, der mit seiner Band Kajagoogoo und dem Song „Too Shy" in mehreren Ländern einen Nummer-eins-Hit hatte. Die Verbindung zu ihr konnte aufgrund dieser musikalischen Vorliebe niemals halten. Schade! Beendet wurde das Intermezzo letztendlich durch eine andere, noch magnetischere Bekanntschaft. Ehe diese Beziehung jedoch zustande kam, ereigneten sich zwei große Dinge die mich im weiteren Verlauf meines bis dahin eher schlichten Erdendaseins nachhaltig beeinflussen sollten.

Es war klar, dass die Jugendband nicht nur einfach so für den Proberaum spielte. Im Rahmen der pädagogischen Arbeit meines Vaters mit den Jungs (ich meine, auch eine Querflötenspielerin war irgendwann mal dabei, aber warum, zur Hölle, benötigte die Menschheit Querflöten?) sollten ja ab und zu auch Auftritte gespielt werden. Es war also klar, dass meine Live-Feuertaufe eines Tages anstehen würde, also wartete ich ab.

Der Tag kam und ich war ziemlich nervös. Unser Programm bestand überwiegend aus alten Rockstandards von Chuck Berry, CCR und (natürlich) Santana sowie einigen weiteren Klassikern der Rock-Musikgeschichte. Am Auftrittstag wurde mittags der Kleintransporter, den uns der Arbeitgeber meines Vaters natürlich zur Verfügung stellte, gepackt. Wir wuchteten eine kleine Verstärkeranlage, das Schlagzeug, Gitarren, Kisten und Kasten in den Bandbus. Dazu kam schließlich noch das Brett.

Es hatte sich nämlich herausgestellt, dass ich einen richtigen Bums mit dem rechten Fuß hatte und durch das Pedal der Bass Drum die komplette Trommel nach vorne schob. Da die damaligen Schlagzeuge noch nicht mit Dornen an den Enden der Füße der Bass Drum ausgestattet waren, rutschte es immer weiter nach vorne, und man musste nach jedem Song die große Trommel wieder zu sich heranziehen, was natürlich sehr nervenaufreibend war. Aus diesem Grund ließen wir eine etwa zwei mal zwei Meter große Pressspanplatte mit Scharnier anfertigen, an deren vorderem Rand eine Leiste angebracht war. So konnte das Set nicht mehr nach vorne abhauen. Nachteil dieses Brettes: Es wog zirka 40 Kilo und musste überallhin mitgeschleppt werden. Großartig! Heutzutage bietet jeder Drum-Equipment-Hersteller Teppiche mit Rutschschutz an. Es scheint fast so, als hätten damals in den Achtzigern auch andere Drummer dieses Problem gehabt.

Nach einer Stunde Fahrzeit, dem Aufbau und einem mehr als kurzen Soundcheck war es dann so weit: Ich konnte im beschaulichen Pfälzer Städtchen Wolfstein zum ersten Mal im Leben eine Band einzählen … one, two, three, four …

KAPITEL 6
SEX AND CHUCKS
AND ROCK 'N' ROLL

Okay, im Nachhinein betrachtet war es nur ein mieses kleines Sommerfest, aber ich stand endlich da, wo ich hin wollte, da, wo auch Kiss angefangen hatten. Vielleicht nicht gerade in Wolfstein, aber auch in Amiland gab es schließlich Hillbilly-Gegenden wie diese. Ich war sicher, dass Gene, Paul, Ace und Peter zufrieden mit mir gewesen wären und auch Angus zumindest ein anerkennendes Schulterklopfen für mich übrig gehabt hätte. Es war alles in allem ein gutes Gefühl, denn der für mich denkwürdige Auftritt prägte sich bis zum heutigen Tag in mein Gedächtnis ein. Wir tranken anschließend noch eine Cola und fuhren nach Hause. Ich war ein anderer Mensch.

Das zweite, zu diesem Zeitpunkt vielleicht wichtigere Großereignis war die Trennung meiner Eltern. Vater, Rock 'n' Roller, in Sachen Musik oder dienstlich unterwegs versus Mutter, Hausfrau und eigentlich alleinerziehend (mittlerweile hatte sie zwar einen Halbtagsjob, dennoch war sie für die komplette Erziehung der Brothers zuständig) – eigentlich hatte es nicht gut gehen können. Im Nachhinein stellte sich auch noch heraus, dass unser Vater der Damenwelt sehr zugetan war, und so kam es, wie es kommen musste: Streit (sogar vor uns Jungs), Trennung, Auszug und Umzug unserer Mutter, dem Rockstar jr. und dem Fußballgott – zurück in die alte Heimat.

Eigentlich fand ich diese Heimkehr sogar gut, aber was sollte aus meiner Rock 'n' Roll-Karriere, aus den Proben, aus meiner Band werden?

Glücklicherweise einigten sich meine Eltern schnell darauf, meine angefangene Musikerlaufbahn nicht unterbrechen zu wollen, und so kam es, dass mein Vater mich zu jeder Probe und den Auftritten abholen kam, denn er hatte nach der Trennung das gemeinsame Fahrzeug behalten. Er hatte auch weiterhin Kontakt zu meinem Bruder, jedoch nur an jedem zweiten Wochenende. Dem jungen Fußballstar schien das nicht so viel auszumachen, während ich an der Trennung schon zu knabbern hatte, denn mir fehlte plötzlich die männliche Bezugsperson, da ich doch mehr mit ihm zu tun gehabt hatte und er zumindest als Bandboss Autorität ausstrahlte. Aus heutiger Sicht betrachtet, änderte sich für mich in dieser Zeit jedoch privat eigentlich gar nicht so viel, denn unser Vater war in der vorangegangenen Zeit wegen seiner Dienstzeiten und vielleicht auch wegen seiner Frauengeschichten sowieso eher selten zu Hause gewesen. Seine jetzige Abwesenheit machte sich demzufolge nicht allzu sehr bemerkbar. Trotzdem, eine Trennung der Eltern verursacht Narben und speziell ich empfand es als fies und gemein, einen Partner zu hintergehen, wenngleich ich mir mit zunehmendem Alter bewusst wurde, dass die Ehe meiner Eltern damals nur durch den großen Druck der Großeltern zustande gekommen war. Denn es galt zu dieser Zeit schlichtweg als Schande, uneheliche Kinder zu haben, also musste flott geheiratet werden.

So war ich zurück in meiner Heimat, und im neuen Haus gab es glücklicherweise sogar einen kleinen Kellerraum, den ich als Schlagzeug-Proberaum zu geregelten Zeiten nutzen durfte. Grund hierfür war, dass unser damaliger Vermieter neben seiner hauptberuflichen Tätigkeit als Lehrer auch Hobbymusiker war und Trompete spielte. So hatte meine Mutter es geschafft und ihn wohl überreden können, dass der musikalische Spross der Familie gefördert werden, also proben musste. Witzigerweise war es in den Monaten später dann oft so, dass ich im Keller Beats und Wirbel übte und oben im zweiten Stockwerk die Trompete erklang. Ein Fest für die Nachbarschaft.

Bevor die wöchentliche Bandprobe mit meinem Vater und den anderen Jungs stattfand, auf die ich mich immer ziemlich freute, gab es jedes Mal ein kurzes verbales Drama zwischen meinen Eltern, da sie ihre scheidungsrelevanten Gründe oft lauthals diskutierten und durchaus auch schon mal die umliegende Nachbarschaft daran teilhaben ließen. Während der Autofahrt zur Probe wurde darüber aber nicht mehr gesprochen, denn es wurde Musik gehört.

Frank war mittlerweile als Bassist in die Band eingestiegen und konnte nun mit mir versuchen, das Ganze mehr in die Hardrock-Ecke zu dirigieren. Bei den Proben spielten wir zumeist ein, zwei ältere Songs, ehe wir uns dann an neue Stücke wagten, die gemeinsam geprobt wurden, nachdem sie sich zuvor jeder zu Hause angehört hatte. In Zeiten vor E-Mails und mp3-Dateien musste sich immer einer von uns die Mühe machen, die jeweiligen Songs für alle auf Kassetten zu überspielen, was aus heutiger Sicht relativ mühsam war, mir aber trotzdem Spaß bereitete. So wurden also neue Stücke sowie Rockklassiker, wie zum Beispiel die bis dahin härteste Nummer im Programm „All Right Now" von Free, einstudiert. Das war zwar ein richtiger Rocksong, aber es ging noch härter, und so bearbeiteten Frank und ich meinen Vater dahingehend, ob es wohl möglich wäre, „TNT", die AC/DC

Übernummer schlechthin, ins Programm aufzunehmen. Und siehe da, nach einigen Überredungsversuchen war es schließlich möglich! Wir spielten ab sofort einen AC/DC-Song! Ich war meinem Ziel ein Stück näher gekommen, denn erstens hatte ich meinen musikalischen Einfluss geltend gemacht und zweitens sah mein Vater, dass diese Musik durchaus ihre Berechtigung hatte, denn der Song kam bei unseren Auftritten immer sehr gut an. Er kam sogar so gut an, dass es mein Vater schaffte, das Liedchen in das Tanzkapellen-Programm seiner Tanzband zu hieven. Ab jetzt machte es mir doppelt so viel Spaß, ihn bei den durch die Trennung seltener gewordenen Soundchecks seiner Tanzkapelle zu begleiten. Ein „TNT" war dort immer Pflicht, und ab und zu durfte ich für den Soundcheck einspringen. Großartig! Allerdings könnte ich mich heute dafür selbst ohrfeigen, eine solche Rocknummer in das Tanzmusikprogramm eingeschleust zu haben. Eigentlich ein No-Go für jeden Rockfan, ich sah es allerdings damals viel mehr als einen Akt der Rebellion an. Angus Young hatte mir in Form von „TNT" den Weg gewiesen und mir gezeigt, dass ab nun für mich alles möglich sein konnte.

Wir wohnten wieder in meiner Heimatstadt, ich hatte alle alten Freunde behalten und bei unserem kurzen Ausflug in die Nachbarstadt neue hinzugewonnen. So traf ich mich mit dem kompletten Freundeskreis sehr oft in der Zweibrücker Innenstadt, und dann geschah Magnetisches.

Ich sah sie zum ersten Mal in der Fußgängerzone. Sie trug knallenge, hellblaue Jeans und ein weites, weißes T-Shirt. Ihr Lächeln traf mich wie die Anfangsakkorde von Ace Frehleys „Shock Me"! Sie lief an mir vorbei und war gleich darauf verschwunden. Meine Freunde bemerkten eine Veränderung an mir, ich konnte ihnen nicht mehr zuhören. Mein Kopf war sprichwörtlich verdreht, und ich versuchte in den darauffolgenden Tagen ihre Telefonnummer zu bekommen. Doch es gelang mir nicht! Ihr Name war ebenfalls Heike, genau wie bei der Busrückbankknutscherin, was ja schon mal ein gutes Zeichen war! Ich musste sie anrufen, ihr sagen, dass mein Rock 'n' Roll-Herz angeknackst war und dass ich ihr zuliebe sogar ausnahmsweise Culture Club über mich ergehen lassen würde.

Doch es kam anders. Wenige Tage später machte ich mich wie immer mittags auf den Weg in die Stadt. Ich trug eine rot-schwarz gestreifte Stretch Jeans und blaue Converse Chucks. Ich war fast schon in der Fußgängervergnügungsmeile, da kam sie mir entgegen. Wir lächelten uns an, liefen aneinander vorbei und schauten uns gegenseitig nach. Dann blieben wir stehen und gingen aufeinander zu. So, was jetzt?

Irgendwer von uns fing an zu erzählen, und es stellte sich heraus, dass sie mich auch anrufen wollte und ihrerseits versucht hatte rauszubekommen, wer der Typ mit den gestreiften Hosen gewesen war. Wir redeten ein Weilchen und verabredeten uns dann für den darauffolgenden Tag. Ich hatte ab diesem Moment ein Wahnsinnskribbeln im Bauch und freute mich total auf mein erstes richtiges Date.

Wir saßen den ganzen nächsten Nachmittag, übrigens ein wunderschöner Sonnentag, auf den Stufen des Zweibrücker Schlosses und machten Witze, Komplimente und verstanden uns prima. Der Himmel hing für mich voller Geigen, oder waren es E-Gitarren? Einen Nachteil hatte dieses Treffen dann doch, denn wir waren von meiner noch aktuellen Flamme, der Limahl hörenden Sybille, beobachtet worden. Sie verzieh mir das wohl nie.

Heike F. hatte einen eher neutralen Musikgeschmack, hörte zwar die aktuellen Charts, ließ sich aber später durchaus auch für Dio, Twisted Sister oder Mötley Crüe begeistern. Sie war ein Jährchen jünger als ich und fand es toll (wie sollte es auch anders sein), dass ich in einer Band spielte. Sie hatte einen strengen Vater, der bis heute einen gut florierenden Gas-Wasser-Sch…Installationsbetrieb führt. Diese Tatsache hatte aber wenig bis keinen Einfluss auf unsere Beziehung. Wie gesagt, er war sehr streng, und so zog es Heike vor, mich ihm erst mal besser nicht vorzustellen. Allerdings ertappte er uns des Öfteren beim Abschiedsknutschen, was er jedes Mal nicht so wirklich toll fand. Heike kassierte dafür immer einen Anpfiff. Aber ich war ja nicht mit ihm liiert und hielt natürlich zu Heike, wenn es irgendwelchen Ärger gab. Ihre Mutter hingegen war der Beziehung gegenüber eher neutral eingestellt und ließ uns mal machen. Und doch war sie es, die ihrer Tochter zur Pille riet, ohne ihrem Gatten davon zu berichten. So kam es also, dass ich eine Freundin hatte, die verhütungstechnisch auf dem aktuellen Stand war. Bis zu unserem ersten Mal sollte es aber noch ein Weilchen dauern.

KAPITEL 7
DEMON ALCOHOL

Mittlerweile hatte meine Mutter an ihrem Arbeitsplatz als technische Zeichnerin einen neuen Typen kennengelernt, der mir und meinem Bruder aber zunächst einmal gar nicht als zukünftiger Anwärter auf den Platz des Familienvorstand vorgestellt wurde. Dies änderte sich jedoch bald und er versuchte, bei meinem Bruder und mir gutes Wetter zu machen. Dies gelang ihm auch tatsächlich, denn er kannte jemanden bei einer Konzertagentur in Saarbrücken, der ihm Pressekarten für ein Konzert der kanadischen Rockband Saga beschafft hatte.

Da ich noch nicht alt genug war, ein Konzert alleine besuchen zu können, engagierte meine Mutter einen Aufpasser, und zwar den Sohn einer Bekannten, der schon den Führerschein und einen Kleinwagen besaß. Er sollte also die zweite Freikarte bekommen und musste mich im Gegenzug wieder heil zu Hause abliefern. So war der Deal.

Dieser junge Mann war übrigens einer der beiden Gitarristen, die damals im Nachbarzimmer eines Freundes eifrig Gitarre geübt hatten, während ich die Carrera-Bahn testete. So kam ich zu meinem ersten Livekonzert eines bekannten Rock Acts. Ich war schlichtweg überwältigt und der neue Freund meiner Mutter hatte einige Sympathiepunkte bei mir eingeheimst.

Die gesamte Atmosphäre auf einem so großen Konzert wirkte auf mich jungen Kerl fantastisch und beeindruckte mich nachhaltig. Es roch nach Bier, Qualm, Schweiß, Frauen und

Rock 'n' Roll. Überall saßen Leute und hatten Spaß. Das Licht ging aus, ein Jubeln quoll durch den Raum und dann standen Saga auf der Bühne, und ich weiß noch, dass ich wochenlang jedem davon erzählte. War ich doch der Erste aus meinem damaligen Bekanntenkreis, der ein echtes großes Konzert erlebt hatte.

Auch auf meine Bandtätigkeiten hatte dies wohl Auswirkungen, denn ich legte ab jetzt großen Wert auf mein Aussehen während der Auftritte.

Bis jetzt war es mir immer egal gewesen, was ich anhatte. Doch nun schnitt ich mir ganz bewusst Löcher in Jeans, trug abgeschnittene Shirts und Kopftücher. Ich wollte ein Rockstar sein. Okay, Saga standen jetzt outfitmäßig nicht für die Art Rock 'n' Roll, dem ich huldigen wollte, aber das spielte erst mal keine Rolle. Und so goss ich mir mehr als einmal Domestos aus dem Haushaltsschrank meiner Mutter über die Hosen, um sie zu bleichen. Das Zeug stank zwar erbärmlich, erzielte aber große Wirkung.

Diese Extrovertiertheit brachte meine Eltern in späteren Jahren noch oft auf die Palme, denn auch zu Familienfesten ließ ich mich nicht dazu bewegen, etwas „Vernünftiges" anzuziehen.

Heike fand es immer ziemlich lächerlich, wenn ich mich zurechtmachte. Doch das störte mich nicht, ich musste ja mit dem Outfit herumlaufen, es reichte mir, wenn sie ihre engen Jeans für mich trug, später dann und wann auch mal auszog.

Ich suchte ab sofort Kataloge systematisch nach den coolsten Shirts ab, die ich mir bestellen wollte, und so kam es, dass an einem Samstagmorgen mein erstes bedrucktes Bandshirt eintrudelte. Mötley Crüe, es gab kein bunteres, schrilleres Shirt als das der vier LA-Rocker, die ich wenig später live mit AC/DC sehen sollte.

Ich glaube, dieses Shirt war schuld daran, dass ich in späteren Jahren meinen Schrank aufgrund übermäßigen Sammeldurstes oft nur unter Gewaltanwendung schließen konnte.

Der Kauf von Tour-Shirts ist so eine Art Trophäensammelleidenschaft geworden, die bei jedem Besuch eines Konzertes befriedigt sein will. Es kam in den Jahren danach mehr als einmal vor, dass die Masse der bei Konzerten gekauften Shirts teurer war als die Konzertkarten an sich.

Ein Psychologe würde dies wohl als nicht verarbeitetes, unzureichend erlerntes Konsumverhalten deuten, nur Rockfans wissen, was wirklich geschieht, wenn man in ein solches Bekleidungsstück steigt. Es ist ja wahrlich kein tolles Gefühl, sich mit gleichermaßen verschwitzten, oft betrunkenen Gleichaltrigen an einem Merchandise-Stand mit englisch sprechenden T-Shirt-Verkäufern herumzuärgern, aber das Endergebnis wischt alle erlittenen Qualen fort.

In dieser für mich sehr wilden Zeit hatte ich zu meinem Bruder ein ziemlich angespanntes, wenn nicht sogar überhaupt kein Verhältnis. Von Musik hatte er keinen Plan, hörte er doch zur Erbauung aller noch verbliebenden Familienmitglieder solch großartige Musik wie Dschingis Khan oder Shakin' Stevens. Er würde es vielleicht heute abstreiten, aber er hatte sogar Poster dieser Spezies an seinen Zimmerwänden hängen.

Ein weiterer, damals nervlich hochbelastender Faktor war sein ständiges Stören und Anklopfen, wenn Heike bei mir zu Besuch war. Ich glaube heute, er war einfach nur daran interessiert, was wir wohl so trieben, wenn meine Zimmertür geschlossen war, schließlich war er auch mit großen Schritten in Richtung Pubertät unterwegs.

An meine Schallplattensammlung, die mittlerweile schon ungefähr 50 LPs umfasste, wollte er damals eher nicht, denn Dschingis Khan suchte er dort vergeblich, und Rock 'n' Roll war eben nur etwas für Erleuchtete.

Heike mochte meinen Bruder zwar ganz gern, dennoch waren ihr unsere gemeinsamen Stunden auch sehr wertvoll. Sie fühlte sich wohl bei uns, und so kam es dann irgendwann zur ersten Übernachtung in unserem Hause. Natürlich unter dem Vorwand, sie schlafe bei einer Freundin. Sonst wäre ihr Vater wohl Amok gelaufen. In dieser Nacht geschah aber noch nichts Verbotenes, denn wir wollten eigentlich warten, bis wir miteinander verheiratet sein würden. Daraus wurde natürlich nichts, denn eines schönen Tages wussten wir beide, dass diese Abmachung völliger Quatsch war. Es war eine schöne Zeit, die zwei Jahre dauern sollte.

Wenn ich also nicht gerade mit solch langweiligen Dingen wie Hausaufgaben beschäftigt war, übte ich natürlich Schlagzeug, hörte Musik oder war mit meinem Girlfriend unterwegs. Zu den Proben und Auftritten fuhr ich damals aus gutem Grund schon ohne Anhang, denn es waren immer Zuhörer um uns herum, logischerweise auch andere Mädchen. Auch Carmen. Sie begleitete oft ihren Bruder Frank zur Probe um zuzuhören. Was ich natürlich nie so sah. Ich bildete mir ein, sie käme wegen mir.

Die Auftritte häuften sich, und bis ich sechzehn war, hatte ich schon mehr als 40 Auftritte zumeist in Kneipen oder kleinen Jugendklubs hinter mir. Ziemlich früh kam ich daher mit dem

Dämon Alkohol in Verbindung, der mich speziell bei einem Auftritt zu 100 Prozent außer Gefecht setzte.

Schnell erklärt sei noch die Tatsache, dass es gerade bei Tanzmusikern zu erhöhtem Alkoholkonsum kommt, da die Veranstalter oft meinen, sie müssten die Musiker geradezu mit Hochprozentigem verwöhnen. Eigentlich ein Trugschluss, denn die fidelen Musikanten sollen ja gewissermaßen Leistungen erbringen, die sie bei alkoholisch bedingter verminderter Reaktionsfähigkeit nicht mehr ganz so toll zu leisten imstande sind. Vielleicht betäuben sich die Tanzmucker aber auch ganz einfach nur selbst!

Mein Vater war bei diesen meinerseits exzessiven Auftritten natürlich immer dabei, er konnte jedoch nicht verhindern, dass Frank und ich uns in den Pausen auch schon mal einen kleinen Schuss Cognac in unsere Cola gossen oder uns in die Sektbar verzogen. So kam es, wie es kommen musste. Wir spielten bereits die Zugabe, da sackte ich auf meinem Schlagzeughocker zusammen und die Band geriet ins Stocken. Der Auftritt war vorbei, mein Vater stinksauer und ich hatte am nächsten Tag abartige Kopfschmerzen. Da es ein Sonntag war, besuchte mich Heike, die mich pflegen durfte. Meine Eltern gerieten über meinen Alkoholmissbrauch natürlich heftig in Streit, als ich am Morgen dieses Sonntags wieder zu Hause abgeliefert wurde. Ich verzog mich rasch in mein Zimmer, denn ich wollte keinerlei Geräuschpegel um mich herum.

In der unmittelbar darauf folgenden Zeit hatte mein Vater dann logischerweise schon ein bisschen mehr das wachsame Auge auf mich gerichtet. Er ermahnte mich ab jetzt vor jedem Auftritt, trank aber selbst hin und wieder ein Bier zu viel. Wie sollte ich denn da zur Einsicht gelangen, von Hochprozentigem besser die Finger zu lassen? Okay, ich gelobte ihm zwar Besserung, umging die Kontrollen aber immer irgendwie. Zu solchen Ausfallerscheinungen wie bei dem beschriebenen Auftritt kam es aber seitdem nicht mehr.

Dass ich mein Getrommele bis jetzt ganz gut beherrschte, sahen alle Beteiligten ein. So wurde ich also der Stammdrummer der Jugendband, obwohl es im Kreise der Jugendlichen, die mein Vater betreute, oft auch noch andere Trommler gab. Zwar bedurften diese der pädagogischen Arbeit meines Vaters und seiner Kollegen, vom Platz am Schlagzeug konnte mich aber keiner verdrängen, da wir zu dieser Zeit wirklich oft live spielten und ein Einarbeiten eines neuen Mannes zu viel Zeit gekostet hätte.

So blieb mir das Glück hold und ich besetzte den Platz in der Band, bis ich einige Jahre später meine eigenen musikalischen Ideen in einer neuen, richtigen Rockband verwirklichte.

Übrigens sollte ich Frank, welcher zu diesem Zeitpunkt bei seiner derzeitigen Freundin gerade voll eingespannt war, bei dieser Gelegenheit gleich mitnehmen.

KAPITEL 8:
MONSTERS OF ROCK

Anfang 1984 drang die frohe Kunde an mein Ohr, dass einige meiner bis dahin größten Rock 'n' Roll-Helden auf dem Festival Monsters of Rock im Karlsruher Wildparkstadion spielen sollten. Da ich ja durch Saga meine Live-Feuertaufe erhalten hatte, war an diesem Event für mich nicht vorbeizukommen. Also drangsalierten Frank und ich gemeinsam unsere Eltern, um an diesem geschichtlichen Großereignis teilnehmen zu dürfen. Es gelang uns! Wir waren die beiden glücklichsten angehenden Rockstars der Welt.

Der 1. September 1984! Nach unserer Anreise per Bahn standen wir mittags vor dem Karlsruher Wildpark Stadion, in dem normalerweise der Karlsruher Sportclub seine Heimspiele absolvierte. Tonnen weggeworfener Glasflaschen umgaben das Gelände. Am Eingang Container voller Kanister, gefüllt mit Wein, Schnaps und anderen alkoholischen Genussmitteln. Die Eingänge wurden bewacht von böse dreinschauenden Ordnern, die es mit dem Kontrollieren der Taschen sehr genau nahmen. Wir stiegen die Treppen zum Stadion hinauf, und was wir dann erblickten, war schlichtweg eine Sensation, eine weitere Offenbarung!

Am oberen Ende des Stadions stand eine riesig große Bühne, die gesäumt war von einer mächtigen PA-Anlage. Inmitten des ovalen Runds ein Turm für die komplette Beschallungstechnik. Im Stadion bereits 30.000 Leute, die der brütenden Mittagshitze ausgeliefert waren. Es gab keinen Schatten, einige Getränkestände und Wurstbuden, dafür aber nur wenige der blauen Dixie-Toilettenhäuschen.

Ich sollte an diesem Nachmittag die besten und angesagtesten Hardrock- und/oder Heavy-Metal-Bands sehen, die es derzeit gab. Angefangen bei Mötley Crüe, Accept über Dio, Ozzy, Van Halen (derentwegen Frank noch Wochen später völlig durch den Wind war) bis hin zur besten Band der Welt: AC/DC.

Ich war schon gegen 19 Uhr völlig durchnässt, da wir uns den ganzen Tag in der prallen Sonne und mitten im Publikum aufgehalten hatten. Ich hatte die Crüe gesehen, Tommy Lee an den Drums. Ein Irrer, der mit zwei wahnsinnig großen Ventilatoren sein Haar durcheinanderwirbeln ließ, aber selbst seine Mitmusiker nach vorne trieb. Ronnie Dio mit seiner ersten und besten Besetzung. Ozzy Osbourne mit Jake E. Lee an der Gitarre. Unfassbar! Ich war fertig und musste in den Schatten, den es mittlerweile gab, denn die Sonne war bereits am Untergehen. Frank blieb, um mit Van Halen zu feiern.

Aus der Ferne sah ich David Lee Roth, den US Entertainer und Van-Halen-Frontmann. Auch wenn der Auftritt gut war, es wirkte alles irgendwie amerikanisch gekünstelt. Minutenlange Dialoge des Sängers, und ein endloses Gitarrensolo Eddie Van Halens jagte das nächste. Frank war im siebten Himmel. Als die Sonne fast untergegangen war, war es endlich so weit. Frank und ich hatten uns wiedergetroffen, und wir begaben uns nach links, ungefähr 20 Meter vor die Bühne. Plötzlich stand er da, Angus Young. 1,60 Meter pure Energie. Er drosch die Anfangsakkorde von „Guns For Hire" in die sechs Saiten. Ich kann mich weiter an nichts mehr erinnern. Es waren zwei Stunden Rock 'n' Roll pur. Ich erwachte aus dem Traum, als sich links und rechts der Bühne zwei Kanonen erhoben, die „For Those About To Rock" ankündigten. Ich war völlig fertig! So eine Show hatte ich noch nie zuvor gesehen, und das Wort Enthusiasmus traf meine Begeisterung von damals nicht mal ansatzweise. Wir verließen nach den letzten Klängen das Stadion, um uns Richtung Bahnhof davonzumachen. Nun war es Gewissheit, so wollte ich sein. Angus Young hatte meinem Leben erneut die Richtung vorgegeben.

Im Zug tauschten wir die schönsten Momente aus, ehe wir früh morgens wieder zu Hause waren. Ich hatte AC/DC live gesehen und mir geschworen, dass es in meinem Leben ab nun nur noch eine Wichtigkeit geben sollte. Diese rohe, pure Energie, angetrieben von Malcolm Young an der Rhythmusgitarre und der besten Rhythmusgruppe der Welt, ich hatte begriffen, um was es geht. Fertig! Aus!

KAPITEL 9
THE FIRST TIME

Heike musste sich diese Geschichte die nächsten Tage mehr als einmal anhören. Es war ein Erlebnis, welches ich auf meiner bis dahin beschränkten Gefühlsskala nur mit dem ersten Sex gleichsetzen würde. Und der stand nun auch bevor. Allerdings erlebte ich im Verlauf meines Lebens noch viele weitere solcher Höhepunkte …

Heike hatte ihrem Vater wieder mal erzählt, sie würde bei ihrer Schulfreundin Tanja schlafen. Das tat sie jedoch nicht. Wir lagen auf meinem Bett herum, schauten wie immer Fernsehen, und langsam fingen wir an, ins Detail zu gehen. Als wir es nicht mehr aushielten, wussten wir beide, dass es nun passieren würde. Heike hatte natürlich etwas Angst und ich war ziemlich aufgeregt, denn es war in den Gesprächen mit den anderen, schon erfahrenen Jungs schon zu Äußerungen gekommen wie: „Erhöhte Vorsicht, den Girls tut das erste Mal sehr, sehr weh!" Dies wollte ich natürlich nicht und so passierte mein, unser erstes Mal.

In den darauffolgenden Monaten übten wir beide an unserer Technik, und dies machte durchaus auch Sinn. Wir waren beide rundum zufrieden, auch als uns mein Bruder einmal mitten in einer sehr delikaten Situation überraschte. Nach einem beidseitigen Lachanfall ging es aber weiter.

Oft fragte ich mich, warum meine Mutter nie Kontakt zu Heikes Eltern suchte, sie musste schließlich mitbekommen haben, dass wir nicht nur Monopoly in meinem Zimmer spielten.

Doch es geschah nie irgendetwas in dieser Richtung. Offenbar hatte mein Vater ihr von unserem glorreichen Aufklärungsgespräch während besagter Autofahrt erzählt, und sie schien sich ziemlich sicher zu sein, dass ich beim Thema frühe Schwangerschaft schon nicht den gleichen Weg wie sie selbst und ihr Ex-Mann gehen würde.

Nun war ich also kein Junge mehr, sondern ein Mann! Ich hatte derweil die Hauptschule und die anschließende mittlere Reife auf einer Fachschule für Elektrotechnik irgendwie hinter mich gebracht und stand nun vor der Entscheidung, wie es weitergehen sollte. Meine Eltern wollten, nein forderten natürlich, dass ich erst mal etwas „Vernünftiges" lernen solle, denn der für mich völlig vernünftige, leider nicht offiziell anerkannte Lehrberuf Rock 'n' Roll-Millionär stieß in beiden Elternhäusern auf gänzlich taube Ohren.

Es gab ganz in der Nähe unseres Wohnhauses ein kleines Geschäft für Fernsehreparaturen, in dem ich eine Ausbildung zum Radio- und Fernsehtechniker anfangen konnte. Doch abgesehen von dem verlockenden Lehrgehalt, welches an jedem Monatsersten winken sollte, wusste ich schon jetzt, dass dies absolut nichts für mich sein würde. Mutter pochte jedoch vehement auf die vernünftige Ausbildung! Also kam ich nicht drumherum!

Und so dauerte es fast zweieinhalb Jahre, bis ich ernsthafter registrierte, dass der TV-Reparatur-Job nicht der geeignete für mich war! Immerhin hatte mich das ständige Pornofilm-Schauen in der Werkstatt (zur Überprüfung der reparierten Videorecorder, ha, ha!) nicht völlig kaputt gemacht, denn dies war eigentlich noch das geringste Übel.

Die ewig gleichen Gespräche mit den Altgesellen, die alles besser wussten, und die Kletterei auf fremden Dachspeichern hinterließen bei mir schnell den Eindruck, nicht den Job fürs Leben gefunden zu haben.

Wie gesagt zog ich zweieinhalb Jahre durch, ehe ich eines Mittags direkt nach der Pause zum Meister ging und kündigte. So etwas hatte er wohl noch nie erlebt, sein Gesichtsausdruck sprach Bände. Da stand so ein kleines Bürschlein vor ihm, hatte offensichtlich seinen ganzen Mut zusammengenommen und verlangte nach seinen Papieren. Er versuchte mich zu beruhigen, gab mir den Nachmittag frei, um mich noch einmal zu besinnen und telefonierte mit meiner Mutter. Die rief natürlich sofort meinen Vater an, und als ich abends nach Hause kam, saßen meine Eltern und der Freund meiner Mutter zusammen in der Küche, um mich mal ordentlich in die Mangel zu nehmen.

Doch es hatte keinen Sinn. Ich wusste, dass sie ganz allein auf mein Ja angewiesen waren, die Lehre doch noch zu beenden. Sie drohten mir mit Musikverbot (lächerlich!), sie boten mir einen Kurzurlaub und eine dreistellige Geldbetrag an.

Es hatte keinen Wert. Ich würde nicht mehr in meinen weißen Kittel steigen, in dem ich so oft Kundendienst gefahren war und auf den unser Chef bei allen Mitarbeitern solch großen Wert legte. Wahrscheinlich aus dem Grund, dass der Berufsstand der Radio- und Fernsehfritzen durch diesen weißen knielangen Arbeitskittel schon von weitem erkannt werden konnte und irgendwie Ehrfurcht einflößend aussehen sollte.

Dabei passierte mir genau wegen dieser Arbeitskleidung eine lustige Episode nach ungefähr der Hälfte meiner Ausbildungszeit. Witzig ist dabei, dass ich den Kittel ausnahmsweise gar nicht trug. Es war ein heißer Sommertag und ich hatte wegen der kurzen Entfernung zwischen Geschäft und einem ortsansässigen Pornoladen einen Videorecorder zu Fuß auszuliefern. Ich klemmte mir – wohlgemerkt ohne Arbeitskittel – den Recorder unter den Arm und machte mich bei hochsommerlichen Temperaturen schnell auf, um das gute Stück zurück an seinen Stammplatz zu bringen, einen Nebenraum des besagten Schmuddelladens, in dem die drei dortigen Videokabinen mit hinlänglich bekanntem Bild- und Tonmaterial versorgt wurden.

Kaum hatte ich das Geschäft des ziemlich schmierigen Betreibers betreten, trat mir mein ehemaliger Berufsfachschullehrer mit einer Handvoll Videokassetten entgegen, die er wohl gerade erstanden hatte. Ich staunte, und er staunte auch nicht schlecht, denn ich war immerhin erst sechzehn. Wir verloren beide kein Wort, gingen stumm wie die Fische aneinander vorbei, und seitdem habe ich ihn nie wieder gesehen.

Doch zurück zu meiner Kündigung. Von den Drohungen seitens meiner Eltern wurde letztendlich keine einzige wahr gemacht. Mein Vater war zwar sauer auf seinen ältesten Sohn, aber er brauchte mich ja am Schlagzeug, da wir auch jetzt noch mindestens zweimal im Monat auftraten. So blieb ich bei allen weiteren Repressalien standhaft, denn ich wusste, je länger ich aushielt, desto unwahrscheinlicher war eine Rückkehr oder dass weitere, gar fiese Erpressungsversuche gestartet werden würden.

Heike fand meine Aktion übrigens auch nicht gerade gut, allerdings ergab es sich, dass ich bald mehr Grund hatte, sauer auf sie und meinen Freund Kalle zu sein.

Mit der Band gab es, wie beschrieben, ein bis zwei Auftritte im Monat, und das war mir und Frank entschieden zu wenig. Als er mich eines Mittags fragte, ob wir nicht unser eigenes Ding machen sollten, ahnte ich noch nichts von seiner zweiten Band, die er seit einem Monat nebenher hatte. Aber ich hatte ja auch ganz andere Sorgen, nämlich finanzielle.

KAPITEL 10
OVERLOAD

Die Lehrstelle warf letztlich nicht so viel Lehrgehalt ab, wie ich es hätte ausgeben können, doch ohne Einkommen sah es, wie man sich sicher denken kann, noch wesentlich schlechter aus. Und da meine Mutter mit der Kündigung der Lehrstelle sowieso nicht einverstanden war, ließ sie mich erst mal etwas am Haken zappeln. Prima!

Ungefähr zur gleichen Zeit lud mich Frank einfach mal so zu einer Probe seiner Side-Project-Band ein, bei der komischerweise ein Drummer anwesend war. Ich wunderte mich nicht schlecht, denn ich hatte wohl irgendwie erwartet, gleich mittrommeln zu können. Also setzte ich mich hin und hörte einfach nur zu, ohne zu wissen, dass ich in Kürze wirklich Mitglied dieser Band sein würde. Nachdem die Probe vorüber war, saß man noch ein Weilchen zusammen und als der Drummer als Erster nach Hause ging, schlug Franks Stunde. Er überredete seine Bandkumpels, doch noch schnell einen Song zu spielen, jedoch mit mir am Schlagzeug. Die anderen staunten zwar, denn sie hatten ja eigentlich einen Schlagzeuger, schlossen aber dennoch ihre Gitarren nochmals an. Und so kam es dann, dass ich mich an das fremde Schlagzeug setzte und wir gemeinsam genau einen Song probten: „Doctor, Doctor" von UFO. Die anderen Musiker waren begeistert, denn die vielen Proben meinerseits zahlten sich zum ersten Mal richtig aus. Der Schlagzeuger erhielt noch am selben

Abend einen Anruf und holte am darauffolgenden Tag ziemlich sauer sein Schlagzeug ab.

Eine Woche später zog ich mit meinem Schlagzeug ein und war der Neue bei Overload. Ein zugegebenermaßen bescheuerter Name, aber als Neuling in einer Band sollte man vielleicht die Klappe noch nicht so weit aufreißen.

Schon zu dieser Zeit war die jüngere Schwester des einen Gitarristen bei den Proben im hervorragend ausgebauten elterlichen Keller immer anwesend. Aber ich hatte eine Freundin, und so fiel sie mir zuerst nicht weiter auf. Klar, wir erzählten miteinander, aber an mehr war noch nicht zu denken. Wir probten kräftig an unserem Programm, das zur Hälfte auch aus eigenen Songs bestand. Eigene Songs – ich war nicht mehr nur der Nachspieler, wir komponierten ab jetzt selbst Rockklassiker.

Es kam der Tag, an dem einer von uns den ersten Auftritt anschleppte. Es sollte ein Gig im Vorprogramm von Wanted, einer angesagten lokalen Rock- und Bluesband sein, deren Sänger Rolf Jahre später ein Musikgeschäft betreiben sollte.

Als wir für diesen Auftritt probten, stellte sich heraus, dass es gar nicht so schlecht klang, wenn ich Teile des Chorgesangs übernahm. Wir fingen an, Songs umzuarrangieren und mehr Wert auf den Chorgesang zu legen. Es klang für Schülerverhältnisse recht gut.

Dann kam der erste Overload-Auftritt, bei dem allerdings nur zirka 100 Leute anwesend waren, obwohl wir selbstverständlich neben den normalen Veranstaltungsplakaten auch eigene Plakate entworfen hatten und diese wild plakatierten. Dennoch waren wir glücklich, rocken zu können, erhielten ein paar Mark Gage und hielten uns den ganzen Abend über weiterhin backstage auf, wo ein amtliches Buffet aufgebaut war.

Irgendjemand empfahl uns weiter, und so konnten wir beim alljährlichen Stadtfest ebenfalls auftreten. Wir sagten zu, obwohl wir ganz und gar keine Lust hatten, als zweite Band (von vieren) zu spielen. Uns gebührte schließlich der Headliner-Platz, abgehoben wie wir nun mal waren.

So überlegten wir uns eine Finte, nachdem bereits für diesen Auftritt plakatiert war und wir als zweites auf dem Plakat standen. Einen Tag vor dem Auftritt kontaktierten wir den Veranstalter, um ihm mitzuteilen, dass unser Gitarrist im Urlaub sei und erst gegen 20 Uhr vor Ort sein könne. Er war zwar nicht sehr erfreut über diese Nachricht, dennoch tauschte er die Auftritte der dritten Band UPI mit unserer Band Overload. Wir standen also erst gegen 21 Uhr auf der Bühne.

Der Platz war gerammelt voll, und wir fühlten uns wie Superstars.

Der Auftritt selbst blieb mir jedoch eher negativ in Erinnerung, da mir in der Mitte des Sets, genau bei Whitesnakes „Guilty Of Love", ein Snarefell riss und ich mindestens das halbes Lied mit zerfetztem Fell weiterspielen musste. Der Drummer der nach uns folgenden Band lieh mir seine Trommel und so beendeten wir die Show. Seitdem stieg ich nie wieder ohne Ersatzsnare hinter meine Drums!

Dieser Auftritt sollte dann aber schon der letzte mit dieser Band gewesen sein, denn es kam zu den berühmten musikalischen Differenzen zwischen Gitarren- und Rhythmusfraktion. Die Gitarren wollten eher in die Pop-Richtung, während Frank und ich mehr Hardrock spielen wollten. So stieg als Erster ich aus, einige Zeit später dann auch Franky. Da wir aber weiterhin in der Jugendband spielten, tat das unserer Freundschaft keinen Abbruch, denn in dieser Band lief es unvermindert gut, wenn man mal vom zu niedrigen Hardrock-Anteil im Programm absah. Wir spielten jetzt immerhin drei Auftritte im Monat.

KAPITEL 11
BROKEN HEARTS
FOR YOU AND ME

Da es eine Art Abkommen mit anderen Jugendeinrichtungen gab, kam es oft zu musikalischen Gastspielen in anderen pädagogischen Jugendanstalten, in denen wir immer gegen etwa 17 Uhr ankamen, ausluden, aufbauten und nur kurz den Sound checkten. Da die Band mit zwei weiteren Kollegen meines Vaters Zuwachs bekommen hatte, gewannen die Auftritte schnell an Professionalität, und ohne Zugaben gingen wir nie von der Bühne. Trotz dieser Erfolge mit unserem aktuellen Programm drangen Frank und ich jedoch weiterhin auf Rockigeres, denn uns machten gerade die Songs gegen Ende des Auftritts den meisten Spaß.

So durchforsteten wir unser Musikarchiv nach spielbaren Songs, die allerdings nicht auf fruchtbaren Boden bei den älteren Mitmusikern stießen. Auch mein Vater hatte mehr und mehr die Popcharts im Kopf. Men at Works „Down Under" war beispielsweise eine von ihm favorisierte Nummer. Das Lied kam zwar durch den Einsatz einer Querflöte bei den Auftritten gut an, aber es war speziell für mich ziemlich langweilig und so entfernte ich mich immer weiter von der Band, in der ich meine ersten wichtigen musikalischen Schritte gegangen war. Aber da eine Sorge, wie man weiß, nur selten alleine um die Ecke biegt, traf mich das Schicksal zu diesem Zeitpunkt auch auf eine andere Art ziemlich hart, denn ich hatte mich wohl etwas zu viel um die Musik gekümmert. Eines Tages stellte ich eine Wesensveränderung bei Heike fest. Ich merkte, dass etwas vorgefallen sein musste. Sie war plötzlich sehr verschlossen, ließ sich am Telefon von ihrer Mutter entschuldigen, rückte dann aber nach einigen Tagen mit der Wahrheit heraus. Während ich die Wege des Rock 'n' Roll beschritt, hatte sie sich anderweitig beschäftigt. Natürlich gab sie mir die Schuld, ich hätte ja nur noch Augen für Angus und Co., was ich auch nicht zu 100 Prozent von der Hand weisen konnte. So hatte sie sich heimlich, still und leise meinen Freund Kalle gegriffen.

Ich war fertig mit der Welt, enttäuscht, entsetzt, traurig. Und ehe ich explodierte, schmiss ich sie während unseres klärenden Gesprächs einfach raus, worauf sie mich jedoch zig Mal anrief und sich erneut entschuldigen und um Verzeihung bitten wollte. Aber ich war wahnsinnig verletzt und konnte zu diesem Zeitpunkt einfach nicht vergeben. Viel zu frisch und zu tief war die Wunde. Kurzum, es war für den jungen Trommelkönig beinahe der Weltuntergang. So etwas hatte ich noch nie erlebt. Die erste große Liebe war dahin!

Schmerz! Ich ging tagelang nicht mehr mit Freunden aus, hatte keine Lust mehr zu proben und auch die Tröstungsversuche meiner Mutter und ihres neuen Freundes brachten nichts. Ich war in das erste, wirklich große Loch meines Lebens gefallen. Mein Herz war gebrochen.

Kalle verhielt sich relativ bedeckt, ließ sich am Telefon verleugnen und ging mir aus dem Weg, was zu diesem Zeitpunkt vielleicht auch besser war. Heike ging nach den anfänglichen Entschuldigungsversuchen auch auf Distanz, und so blieb mir letztendlich nichts anderes übrig, als einen Neuanfang zu starten.

Doch ich machte gleich Nägel mit Köpfen und kündigte, vielleicht auch aus meinem Schmerz und Frust heraus, mein Engagement bei der Jugendband. Mein Vater hatte natürlich mitbekommen, dass ich eine schmerzhafte Trennung hinter mich bringen musste. Also gab er mir zwei Wochen Zeit, in der ich mir erst noch mal Gedanken machen sollte. Er wollte mich ja in der Band halten. Meines Wissens heckte er sogar mit meiner Mutter den Plan aus, dass meine Mutter Heike doch zu einer Rückkehr bewegen sollte, um mein Stimmungstief wieder in den grünen Bereich zu bringen. Lächerlich!

Der Versuch blieb natürlich aus oder er misslang. Egal, sollte sie doch glücklich werden mit dem Nicht-Rockstar, der nach den Hell's Devils sowieso kaum noch musikalische Ambitionen gezeigt hatte. Sie sollte nur sehen, was sie davon hatte. Farin Urlaub sprach mir damals aus der Seele, als er mit den Ärzten sang: „Eines Tages werd' ich mich rächen. Ich werd' die Herzen aller Mädchen brechen." Genau das sollte aus meiner Sicht passieren!

Ich beruhigte mich, zog meine Ankündigung, bei der Jugendband auszusteigen, jedoch nicht wieder zurück. Mein Vater war enttäuscht, denn jetzt verlor er auch noch seinen zweiten Sohn, nachdem er ja keinen so tollen Kontakt mehr zu meinem Bruder hatte. Ein neuer Drummer wurde eingearbeitet, und ich spielte in dieser Zeit die noch ausstehenden Auftritte. Es waren derer zwei. Der erste führte uns in ein Sportheim, wo wie zumeist eine Fußballmannschaft ihre gewonnene oder verlorene Meisterschaft feierte. Wir spielten unser normales

Programm, was natürlich super ankam, denn alle Anwesenden waren betrunken.

Erst jetzt wurde mir auch schlagartig bewusst, dass ich die ganzen Jahre für und vor besoffenen, herumgrölenden Idioten gespielt hatte. Wenn nur genug Alkohol im Spiel war, konnten die Musiker nämlich fast alles darbieten. Sei es Santana oder den „Ententanz". Ein programmiertes Keyboard hätte es oftmals auch getan. Knopf drücken, und los geht die Party. Mein Entschluss stand fest: Nie wieder der Mitschunkel-Musiker.

Den letzten Auftritt spielte ich souverän wie immer, jedoch mit der Gewissheit, solch einen Mist nie wieder mitmachen zu müssen. Anscheinend umgab mich während meines Spiels jedoch eine gewisse Aura, denn diese war wohl einer älteren Dame aufgefallen. Was heißt alt, sie war zirka Mitte 40, hatte schulterlange dunkle, glatte Haare und war bereits etwas angetrunken. Sie gabelte mich in der Sektbar auf und erzählte mir, dass sie einen Sohn in meinem Alter habe. Komisch, was wollte sie dann mit mir?

Es endete am später gewordenen Abend auf der Damentoilette des Veranstaltungsortes. Genauer gesagt in der Damentoilette eines Tennisclubheims in Ramstein. Sie kümmerte sich um alles, ich musste nur irgendwie mitmachen. Eine erwachsene Frau und der Jüngling mit gebrochenem Herzen. Selbst die Tatsache, dass sich auf dem benachbarten WC eine ihrer Geschlechtsgenossinnen lauthals übergab, hielt sie nicht davon ab, die Sache ebenfalls lautstark zu Ende zu bringen.

Das war er, der vorerst letzte Auftritt des Rock 'n' Roll-Beauftragten in der Tanzkapelle. Die Erinnerungen an diesen Abend blieben mir jedoch bis heute auch wegen einer völlig anderen, vielleicht banalen Begebenheit sehr lebendig in Erinnerung. Die Dame aus der Toilette hatte nämlich lackierte Fußnägel. Diese lackierten Fußnägel waren und sind für mich der Grund, weshalb ich bis zum heutigen Tag nie wieder mit einer Frau ernsthaft zusammen war, die sich die Finger- und/oder Fußnägel lackierte. Es gab (und gibt) für mich absolut nichts auf dieser Welt, was nuttiger aussieht als das!

Also Ladies, Nagellackentferner raus!

KAPITEL 12
YOUTH GONE WILD

Mein Vater war sauer. Er hatte mich nicht dazu überreden können, meine Lehre zu beenden. Nun hatte er mich auch als Mitmusiker verloren. Sein Einfluss schwand. Ich war auf dem besten Weg, erwachsen zu werden. Nach der Toilettenaktion fühlte ich mich auch genauso: erwachsen. Logischerweise erzählte ich diese WC-Episode auch meinen Freunden, was mir aber so richtig keiner von ihnen abkaufen wollte.

Meine Freundin war weg, ich hatte keine Band mehr am Start und war knapp bei Kasse, da mir ja der Auszubildendenlohn fehlte. Ich musste mir etwas einfallen lassen. Doch noch bevor ich ernsthaft überlegen konnte, kam ein Schreiben des Kreiswehrersatzamtes, das wohl ziemlich schnell mitbekommen hatte, dass da ein beschäftigungsloser Heranwachsender war. Termin zur Musterung. Na toll!

Doch zuerst wurde ich 18 und hatte jede Menge freie Zeit und auch Beschäftigung. Jetzt war ich volljährig und für all meine Taten selbst verantwortlich. Dieser Tragweite war ich mir durchaus bewusst. Niemand redete mir mehr in meine Entscheidungen! Denkste!

Ich hatte schon vor einiger Zeit begonnen Fahrstunden zu nehmen, denn ich wollte unbedingt den Führerschein haben. Diesen finanzierte ich mir von meinen eigenen Ersparnissen und den ein, zwei Zuschüssen seitens der Großeltern die wir immer noch regelmäßig besuchten. Als die Volljährigkeit dann endlich erreicht und mir die Führerscheinprüfung gelungen war, wollte ich natürlich des Öfteren selbst on the road gehen. Doch meine Mutter verdarb mir mehr als einmal den Fahrspaß, indem sie mir die Benutzung ihres Citroën 2CV untersagte. So viel zum Thema Selbstständigkeit!

Doch ich rächte mich: Ohne fahrbaren Untersatz konnte ich bei meinen abendlichen Streifzügen dem Alkohol in erhöhtem Maße zusprechen, denn ich wurde schließlich von Freunden mitgenommen. Ich hatte sie so in der Hand. Ihr Auto oder einen besoffenen Sohn! So entschied sich meine Mutter immer öfter für die Herausgabe der Autoschlüssel, obwohl sie sich oft den Vorwürfen ihres neuen Partners stellen musste, jemandem der seine Lehre geschmissen hatte auch noch das Auto zu leihen.

Überhaupt war Manfred mir gegenüber viel öfter auf Konfrontationskurs gegangen, denn mittlerweile versuchte er die Erziehungspflichten eines Vaters in unserem Haus zu erfüllen, was ich mir natürlich nicht bieten lassen konnte. In dieser Zeit gab es allerdings generell öfter Streit wegen uns Jungs, zumal auch mein Bruder mittlerweile den Alkohol entdeckt hatte und mit seinen Freunden oft wilde Partys feierte, bei denen es zu alkoholischen Exzessen kam.

Eines schönen Samstagnachmittags, ich lag noch im Bett, klopfte es an meine Zimmertür. Meine Mutter trat ein und fragte, ob ich wisse wo der „Kleine" denn auf einer Party gewesen sei, denn er sei noch nicht zu Hause.

Nachdem ich, taktisch klug, nach dem Autoschlüssel für den bevorstehenden Abend gefragt hatte, zog ich mich an, und wir fuhren zu einem Freund meines Bruders. Dessen Mutter öffnete die Tür und bat uns herein. Der Freund lag dezent komatös im Bett und erzählte uns, dass mein Bruder die Party gegen zwei Uhr morgens verlassen hatte. Er war aber offensichtlich nicht zu Hause angekommen.

Meine Mutter geriet nun fast in Panik. Nach diversen Anrufen bei weiteren Schnapsleichen und deren Erziehungsberechtigten schaltete meine Mutter die Polizei ein, da er partout nicht aufzufinden war.

Der Polizist verwies uns an das städtische Krankenhaus, wo man am frühen Morgen einen stark alkoholisierten jungen Mann eingeliefert hatte. Meine Mutter brach nach dieser Nachricht sogleich in Tränen aus, und wir machten uns auf den Weg in Richtung Krankenhaus.

Da lag er in einem weißen Leibchen und sah ziemlich mitgenommen aus. Das Weiß des Lakens hob sich sehr gut vom Grün seines Gesichts ab. Seine Kleider waren in einem Schrank zu einem mit Kot verschmierten Haufen zusammengeklumpt. Alles in allem kein schöner Anblick!

Man hatte ihn auf halber Strecke zwischen Party und zu Hause auf offener Straße gefunden und ihn mit Blaulicht ins Krankenhaus verfrachtet. Dort pumpte man ihm den Magen aus und diagnostizierte eine schwere Alkoholvergiftung. Aber immerhin, er lebte!

Einen Tag blieb er auf Station, ehe wir das Häufchen Elend abholen konnten. Das anschließende Donnerwetter schenkte ich mir und verzog mich auf mein Zimmer, ehe ich abends wieder selbst auf die Piste ging.

Der typische Samstagabend in der Provinz sah so aus, dass man sich mit den Freunden in irgendeiner Kneipe traf, um zu beratschlagen, wo denn die besten Partys liefen oder wo man eventuell die besten Mädels anbaggern konnte. Schließlich war ich ja nun wieder solo und konnte mich an den jugendlichen Balzritualen beteiligen.

Eine bekannte Disco in unserer Nähe war das Xanadu, der Insidername dieses Treffpunkts für Anbahnungsversuche war jedoch Hubbert, benannt nach dem Betreiber – sehr einfallsreich!

Zwar kannte man hier jede und jeden, doch es kam immer wieder zu neuen, alten Bekanntschaften, denen ich mich nun wieder mehr widmen konnte. Logischerweise spielten hier auch eifersüchtige Ex-Freunde eine große Rolle. Ließ man sich nämlich mit einem Mädchen ein, das kurz vorher eine Liaison beendet hatte, so zog man sich den Zorn des Ex und seines gesamten Freundeskreises zu. Es kam oft zu unschönen Szenen vor der Anbahnungsdisco.

Es gab aber auch Verbrüderungsszenen dahingehend, dass sich der Ex und der Neue bereits kannten und viel lieber erst mal ein Bier zusammen trinken gingen, was dann wiederum der Dame nicht so gut gefiel.

Während ich mich als Junggeselle erst mal vermehrt dem Alkohol hingab, übersah ich vollkommen eine junge Schönheit, die es auf mich abgesehen hatte. Zu meinem Glück gab es auch keinen eifersüchtigen Ex im Hintergrund, der mir gefährlich werden konnte.

Ein Freund erzählte mir von ihren Absichten, denn sie hatte sich ausgiebig bei ihm über mich erkundigt. Ich trug aber noch immer den Schmerz meiner Trennung im gebrochenen Herzen, sprang daher nicht gleich auf die Informationen an.

Eines Samstag abends saßen wir uns dann aber gegenüber, und sie gestand mir ihre Gefühle. Ich hatte jedoch schon zu viel getrunken, als dass ich mich noch an dieses erste Gespräch erinnern könnte. Sie fuhr mich am späten Abend heim und küsste mich zum Abschied.

Am darauffolgenden Tag tauchte Claudia mittags bei mir zu Hause auf und wir gingen zusammen auf ein Dorffest in unserer Nähe. Natürlich nahm ich auf dem Fest ihre Hand, natürlich küssten wir uns auch, aber es kribbelte keineswegs im Inneren des Rock 'n' Rollers. Sie sah zwar klasse aus, hatte aber den fast unerträglichen Dialekt unserer Nachbarstadt Pirmasens, den ich versuchte zu überhören.

Zwei Wochen gingen ins Land, ehe meine Mutter die Neue an meiner Seite kennenlernte. Begeistert war sie nicht gerade, da sie sich ja zwei Jahre lang mit Heike angefreundet hatte. So sah sie sehr viel früher als ich, dass dies nur ein Versuch war, mich über Heike hinwegzutrösten. Trotzdem erlaubte sie, dass Claudia bei uns pennen durfte. Wir schliefen zusammen, was auch zu Beginn unseres knapp einmonatigen Zusammenseins recht spannend war, denn wenn man „jahrelang" mit der gleichen Frau zusammen ist, fallen Neuerungen natürlich umso mehr auf. Ich verglich das damals ganz gerne mit einem anderen Auto, welches man zum ersten Mal fährt. Aus heutiger Sicht sollte aber gesagt werden, dieser machomäßige Vergleich hinkt!

Letztendlich sahen Claudia und ich ganz schnell ein, dass es mit uns zweien nicht klappen konnte, denn ich war immer noch der Musik-Fan, der momentan mehr Zeit mit seinen Freunden verbringen wollte. An einen Musikgeschmack ihrerseits kann ich mich heute nicht mehr erinnern, was im Umkehrschluss letztendlich bedeuten muss, dass sie neutral war, und das bedeutet wiederum, dass definitiv kein Rockblut in ihr floss, sonst könnte ich mich sicherlich noch daran erinnern.

Ungefähr zu dieser Zeit ereignete sich auch der Unfall, dem ich bis heute eine Narbe auf der linken Wange zu verdanken habe. Witzigerweise fällt mir diese heute überhaupt nicht mehr auf, wenn ich in einen Spiegel schaue. Allerdings finde ich es immer wieder ziemlich lustig, wenn mir neue Menschen begegnen und dann sogleich genau dorthin starren und sich große Fragezeichen auf ihrer Stirn zu bilden scheinen, was ich denn wohl für ein Typ bin, der so eine große Narbe mitten im Gesicht trägt. Es dauert immer einige Zeit, bis derjenige oder diejenige mit der Frage nach der Herkunft der „Schramme" herausrückt. Deshalb hier nochmals zur Erklärung: Nach einem weiteren Abend in unserer Stammdisco zogen ich und ein Freund es vor, nach Hause zu trampen, da wir beide reichlich dem Alkohol zugesprochen hatten und er, Steffen, sein Auto stehen lassen wollte. Dummerweise stiegen wir in einen nagelneuen Golf GTI ein, dessen Fahrer laut späterem Blutalkoholwert mit 1,6 Promille ebenfalls reichlich angetrunken war.

Es kam, wie es kommen musste: In einer langgezogenen Rechtskurve versuchte er die Musikkassette umzudrehen, geriet auf den Seitenstreifen, und der Wagen begann sofort zu schlingern. Über eine Strecke von 70 Metern überschlugen wir uns mehrfach, und ich kann mich nur noch daran erinnern, dass der letzte Song aus den Autolautsprechern „Radar Love" von Golden Earring war.

Genau wie „The Lion Sleeps Tonight", „Detroit Rock City", „Ça Plane Pour Moi" oder „Back In Black" gehört der Klassiker von Golden Earring seitdem in meine ganz persönliche Hitparade.

Notarzt, Krankenwagen, Krankenhaus, kleine Gesichts-OP und eine aufgeregte Mutter, die spät abends die Nachricht vom verunglückten Sohn an der Haustür überbracht bekam. Es war aber alles nochmal gut gegangen.

Als kleines Nachspiel zu diesem Zwischenfall müssen auch noch die vier oder fünf Sitzungen in einer gesichtschirurgischen Spezialklinik in Saarlouis gezählt werden, bei der man die Narbe korrigierte und ich anschließend wieder halbwegs normal aussah! That's it!

KAPITEL 13
VIS À VIS

Stammkneipe! Ja, die gab es auch zu dieser Zeit.

Das Vis à Vis wurde geführt von zwei langhaarigen Musik-verrückten, Manfred und Michael. Die beiden hatten mir gerade noch gefehlt! Täglich trugen wir damals unser karges Lehrgehalt, oder was noch davon übrig blieb, genau dorthin. Aus heutiger Sicht echt irre, denn ich weiß nicht mehr, wie wir damals mit unserem Geld über die Runden kamen.

Man befand sich, hatte man den Laden betreten, in einer ei-genen Welt. Neulinge wurden erst mal kritisch begutachtet. Girls liefen Gefahr, im Verlauf des Abends von allen Jungs angebaggert zu werden. Zumeist lief Rock oder Hardrock, der sogar handverlesen aufgelegt wurde. Wenn man jedoch Pech hatte, war Disco Time angesagt, da Michael ein ziemli-cher Funk 'n' Soul-Fan war. Wir ertrugen es und warteten auf die Rock Hour.

Manfred hingegen war der Rocker, der eine aus damaliger Sicht erstaunliche Schallplatten-Sammlung besaß. Er war T-Rex-Fan und mindestens einmal am Abend musste daher „Get It On" oder ein anderer Song der Glam-Rock-Band um Marc Bolan laufen. Gab es eine neue hörenswerte Rock-Langspielplatte, so lief diese garantiert im Vis, und hatte mal keiner der beiden Irren die Platte, so brachte man sie dann selbst mit, um darüber zu diskutieren. Oft gab es diesbezüg-lich wortgewaltige Auseinandersetzungen, die bei erhöhtem

Alkoholkonsum doch niemals ins Handgreifliche übergingen. So viel Respekt hatte man.

Die Zeit im Vis war oftmals der rettende Anker im alltäglichen Wahnsinn aus Lehre, Eltern und anderen Stressfaktoren der Spätpubertät. Hier war der Nährboden fürs wuchernde jugendliche Selbstbewusstsein, hier konnte man mit dummen Sprüchen und einer gewissen Coolness alle Probleme zumindest für ein paar Stunden wegwischen. Im Vis à Vis trafen sich alle möglichen Bekloppten unserer Stadt, zu denen wir, die Youngster-Rock-Fraktion, uns ebenfalls zählten. Es gab jedoch auch zahlreiche andere Typen und Originale. Einer von ihnen war Lutz.

Lutz betrat jeden Abend gegen 23.30 Uhr die Lokalität, um ein Bier zu trinken. Im Schlepptau hatte er stets seinen weißen Pudel, der brav auf seinem Nachbarhocker oder Lutz' Schoß Platz nahm. Als ehemalige Tanzmusikergröße unserer Kleinstadt zehrte er immer noch von den vergangenen Zeiten, die ihn in zahlreiche amerikanische Klubs unserer Gegend geführt hatten. Schließlich war Zweibrücken schon immer eine Stadt gewesen, die von Franzosen und später Kanadiern und Amerikanern als Garnisonsstadt genutzt wurde. Nach Dienstschluss wollten die Soldiers natürlich auch unterhalten werden, und so gab es in und um Zweibrücken zahlreiche Etablissements, Bars und Musikclubs. Lutz erzählte immer die gleichen Geschichten über seine musikalischen und amourösen Abenteuer, wobei jedoch alle Anwesenden gebannt an seinen Lippen hingen, denn er hatte den Bonus eines fast 70-jährigen Musikers, dem man Ehrfurcht entgegenbrachte.

Dann gab es da Kirk, einen schwarzen Ex-Bediensteten der amerikanischen Streitkräfte, der in Zweibrücken hängengeblieben war. Er war aus Detroit nach Good ol' Germany gekommen, um hier beim Militär zu dienen und der Neuen Welt den Punkrock, Iggy Pop und ein Getränk namens AIDS Bunker zu bringen. Mit einer seiner ersten in Zweibrücken beheimateten Band, den Nassen Hunden, hatte Kirk einiges Aufsehen in der hiesigen Rockszene erregt, nicht zuletzt deshalb, weil er auch schon mal in äußerst schrägen, provozierenden oder eben gar keinen Bühnenkleidern aufgetreten war.

Immer in der Nähe befand sich auch ein weiteres Unikum der Szene. Frank, ein Mittzwanziger, der tagsüber in einer Schuhfabrik arbeitete. Gerüchten zufolge hatte er dort einmal zirka 5000 Aufkleber mit dem Aufdruck „Material" entwendet, um Jahre später eine Band gleichen Namens zu gründen, die es aber meines Wissens nur zu einem öffentlichen Auftritt brachte.

Zahlreiche Schminktussis – wahrscheinlich mit lackierten Fußnägeln – waren ebenfalls täglich zugegen, die es fast immer auf einen der beiden Barkeeper abgesehen hatten und die mit einem der beiden ein ums andere Mal kurz in der Küche verschwanden.

Alles in allem also ein ziemlich illustres Völkchen aus Kleinstadttypen.

Höhepunkte im allabendlichen bunten Treiben waren die musikalischen Quizze, die es immer gab und bei denen oft alkoholische Getränke zu gewinnen waren. Die Regeln waren einfach. Einer stellte eine Frage, die sich im weitesten Sinne um Musik drehen musste und deren Antwort oft mit Fallstricken versehen war. Alle durften sich mit Antworten daran beteiligen und wurden natürlich mit Spott und Gelächter überzogen, wenn sie falsch war. Man bedenke allerdings, damals gab es noch keine Smartphones mit denen man die Antwort mal eben hätte googeln können. Nein, so weit war es noch lange nicht, denn es war die Zeit der Amigas und C64-Computer, deren Technologie heute mehr als lächerlich erscheint.

Eine dieser Quiz-Episoden muss in etwa so verlaufen sein, ich kam etwas später und fand die anderen grübelnd vor. Manfred hatte die Frage ausgegeben, wie der aktuelle Drummer von Ratt, einer damals angesagten LA-Band, wohl heißen würde. Keiner hatte bis dahin die Antwort gewusst, außer natürlich Manfred, der das Cover der aktuellen Scheibe verdeckt in den Händen hielt. Ich setzte mich zu den Schlaubergern, bestellte mir ein Bier, trank daran und murmelte: „Bobby Blotzer." Manfred staunte nicht schlecht. Wie konnte jemand diesen zugegebenermaßen bescheuerten Namen kennen? Er reichte das Cover herum, anerkennendes Schulterklopfen der erstaunten Ratefüchse. Ich war der Star des Abends, trank mein Extra-Bier und machte den Coolen.

So lief der Hase. Ständig gab es irgendwelche pubertären Wettstreits, die aber unseren Freundeskreis immer mehr zusammenschweißten.

Einige unserer Kumpels hatten ältere Geschwister, die natürlich auch im Vis abhingen, und so geriet man auch in die Kreise der Älteren. Man traf sich, tauschte News aus und spielte Billard, was natürlich ebenfalls in diverse Wettstreits ausartete. Es war immer Rock 'n' Roll-Stimmung angesagt und oft ging der Letzte erst gegen 3 Uhr morgens nach Hause. Auch unter der Woche!

Das Vis war aber auch Treffpunkt einiger Musiker der örtlichen Szene, denn es hatte sich herumgesprochen, dass dort gute Musik lief und man ein gepflegtes Bier trinken konnte. Als einer der Musiker mit einem sehr guten Freund von mir über sein neuestes Projekt sprach und ihm dafür nur noch der passende Drummer fehlte, schlug mein Freund und Ex-Mitschüler Udo, der damals ein wahnsinniger Lindenberg-Fan war, ausgerechnet mich vor. Da ich an diesem denkwürdigen Abend jedoch aus irgendeinem Grund verhindert war – vermutlich klebte ich schon an Nicole – tauschten die beiden meine Telefonnummer, und für den Sonntag wurde ein Treffen vereinbart.

Der Sonntag kam. Es klingelte, was ich aufgrund zu lauter Musik natürlich nicht gehört hatte. Plötzlich stand mein Bruder in der Tür und kündigte die beiden an. Udo und der „Musiker" standen in meiner Tür. Dschürgen ward sogleich vom Schlag getroffen. Mein Zimmer war rundherum mit AC/DC, Kiss, Mötley Crüe und dergleichen Postern tapeziert. Auf meinem Schreibtisch prangte ein 20 Zentimeter großer, eingeritzter KISS-Schriftzug.

Ich war auf der Stelle engagiert, obwohl ich noch keinen Ton gespielt hatte. Um die beiden jedoch auch musikalisch von meinem Können zu überzeugen, gingen wir in den Keller. Ich setzte mich an mein Schlagzeug, das seit Kurzem wieder zu Hause stand, und zu den Klängen von AC/DCs „Hell Ain't A Bad Place To Be" aus dem Kassettenteil eines Radiorecorders trommelte ich meine Bewerbung. Das Üben hatte sich ausgezahlt.

KAPITEL 14
DIRTY DIRT BAND

Wenn jemand das Gefühl kennt, eine Prüfung zu 100 Prozent gut bestanden zu haben, so kann er nachvollziehen, was in mir vorging. Ich hatte mir erneut die Tür zum Business weit aufgestoßen, spielte ich doch jetzt in einer Rockband, die genau den gleichen musikalischen Background hatte wie ich. Schnell wurden die Lieblingssongs der anderen sondiert und geprobt. Schon nach vier Proben hatten wir zehn Songs im Programm.

Wir, das war die Dirty Dirt Band: Dschürgen, Martin, Peter und ich.

Ich konnte nun natürlich nicht mehr so oft mit den anderen Jungs umherziehen, dafür hatte mich aber der Rock 'n' Roll wieder.

Zu meinem Erstaunen fanden die Proben im dreckigen Bierkeller des Vis statt, was mich sehr wunderte, denn ich hatte die Jungs vorher nie proben gehört, sonst wäre ich sicherlich schon viel früher zum Spionieren die steilen, versifften Kellertreppen hinabgestiegen.

In dem Keller war es eng, laut und dreckig! Der Name Dirty Dirt Band stand natürlich schon fest, als ich nach meinem Bewerbungstrommeln von Dschürgen engagiert worden war, er passte aber wie die sprichwörtliche Faust aufs Auge! Einmal wöchentlich wurde intensiv geprobt. Allerdings sollte sich an der Probenlautstärke nun so einiges ändern. Ich fühlte mich sauwohl.

Doch genau zu diesem Zeitpunkt lief mir eine weitere Frau über den Weg, die mich in meinen jungen Jahren sehr viel Nerven kostete. Sie hieß Nicole, war blond, hatte blaue Augen und war ein Jahr jünger als ich. Darüber hinaus turnte sie im bundesdeutschen Kader der rhythmischen Sportgymnastinnen, eine für meine Zwecke vorteilhafte Sportart! Nicole war jedoch unter der Woche und an manchen Wochenenden oft in ihrem Olympia-Stützpunkt im Ruhrpott, allerdings nicht so oft, dass man sich nicht hätte näherkommen können.

Aufgefallen war sie mir in besagter Disco, in der sie mit ihren extrem langen Beinen an der Theke lehnte und ein Bier trank. Sie trug Jeans. Trank Bier. Ich wurde blind! Nachdem ich die Sehkraft mit drei Cola-Whisky wiederhergestellt hatte, war sie verschwunden, und es dauerte ganze vier Wochen, ehe sie wieder vor Ort war.

Mittlerweile hatte ich (man kennt das ja) ihren Namen, ihre Adresse und ihre Telefonnummer herausbekommen. Diese Stammdaten trug ich bei mir und ging bei unserem ersten Kontakt einfach auf sie zu.

Ich lud sie mit einem extremen Kribbeln im Bauch auf ein Bier ein, überprüfte ihre Identität, indem ich ihr einfach meine Aufzeichnungen blanko auf den Tisch legte. Sie blieb locker und fragte, warum ich sie nicht einfach angerufen hätte. Tolle Idee – da will man nicht gleich mit dem ganzen Scheunentor ins Haus fallen, und dann so etwas!

Naja, wir saßen den ganzen Abend da und erzählten, und ich glaube sagen zu können, dass sich da etwas anbahnte. Natürlich war sie nach diesem Date wieder zwei Wochen weg, ich hatte aber ein magnettechnisch gutes Gefühl.

Wir telefonierten fast täglich, und irgendwie gab es so ein gewisses Maß an Spannung zwischen uns, die auch bis zuletzt anhalten sollte.

Wir waren uns zwar später sehr nah, jedoch mit einer Portion Abstand, da sie wie beschrieben oft unterwegs war, um ihren Body in Schuss zu halten und um ihrer Sportlerkarriere nachzugehen. Es gab also nie ein Aneinanderhängen oder ein übermäßiges Kontrollieren des anderen.

Witzig war ihr erstes Erscheinen im Vis à Vis. Funk 'n' Soul-Michael staunte nicht schlecht, als ich mit so einer Superfrau eingetrudelt kam. Wie es üblich war, wurde sofort eine Schmuse-Ballade aufgelegt, um die komplett anwesende Rock 'n' Roll-Bruderschaft auf uns aufmerksam zu machen.

Doch damit nicht genug. In feinster Kellnermanier brachte Manfred eine brennende Kerze und eine Flasche Sekt, um zur Feier des Tages mit dem Paar anzustoßen. Zum Glück hatte ich Nicole gewarnt, dass wir die Höhle des Löwen betreten würden. Sie lachte jedoch den ganzen Abend, und die Generalprobe war bestanden.

Im Nachhinein betrachtet war es schon komisch, den Freunden die neue Freundin präsentieren zu müssen und genau zu wissen, dass es zu zahlreichen Späßen der Jungs kommen würde.

Unterdessen liefen die Proben weiter. Nicole war ja größtenteils unterwegs, und so hatte ich Zeit, an meiner Karriere weiterzuarbeiten. Ich wollte auf die Bühne. Wir versuchten uns an Songs von Judas Priest und Mötley Crüe. Es klappte, denn unser Sänger Martin hatte, so glaubte ich damals, eine hohe Bandbreite an stimmlichen Fähigkeiten zu bieten. Auch wenn ich mit dem Wissen von heute nicht mehr so ganz dieser Meinung bin – damals war ich unheimlich froh, solch einen Rockschreihals in der Band zu haben.

Urplötzlich und nach mehreren Wochen Proberei gab es dann andere dunkle Wolken am Himmel der Dirty Dirt Band und meiner Musikkarriere. Martin sollte zur Bundeswehr einrücken. Natürlich wurden Sprüche geklopft von wegen: „Zu dem Verein gehe ich nicht!" oder „Ich werde schon ausgemustert." Aber es kam alles anders!

Martin verpflichtete sich zu unserem Erstaunen gleich für acht Jahre beim Bund, was im Nachhinein betrachtet eine für alle Beteiligten glückliche Entscheidung war, da er nach so langer Zeit den Absprung nicht mehr schaffte und sogar eine Beamtenlaufbahn einschlug, wir hingegen einige Zeit später den besten Sänger überhaupt trafen, obwohl wir ihn eigentlich nie gesucht hatten.

Dschürgen, Peter und ich probten einige Monate ohne Sänger weiter. Zwar kam die „Bundeswehr" ab und zu mal vorbei, doch es war nur noch just for fun. Diese Monate waren zwar sehr hart, da man sich ohne Sänger ziemlich auf den Song konzentrieren musste, jedoch lernte ich so, mich nicht unbedingt am Gesang orientieren zu müssen. Takte auszählen, Läufe der Gitarre beachten, vorgezogene Stakkatos als Steigerungen schulten mein musikalisches Gehör und meine Rock 'n' Roll-Sinne für die nächsten Jahre.

Aber man machte letztlich nicht nur Musik zusammen. Wir wuchsen auch als Freunde zusammen, und gemeinsam mit einigen anderen Jungs wurden gerade in dieser Zeit zahlreiche Konzerte besucht, um die Songs, die wir nachspielten, auch live zu hören. Hier blieb es dann jedoch fast nie bei einem Konzert einer laufenden Tour, denn wenn es irgendwie

möglich war und es sowohl Terminkalender als auch Geldbeutel zuließ, erschien man in voller Heavy-Metal-Montur
mit abgeschnittener Jeansjacke, Nietenarmbändern und Kopf-
tuch ganz einfach mehrmals auf Konzerten einer laufenden
Tour. Und so kam es, dass in den Jahren 1986/87 kaum ein
Monat verging, in dem nicht mindestens zwei Konzerte angesagt waren. Accept, Dio, Dokken, Crüe, Skid Row, Iron Maid-
en, UFO, Twisted Sister, Ratt, AC/DC. Das Who's who im
Bereich des harten Rock. Und wir waren dabei. Es ist mir
heute ein Rätsel, wie ich damals finanziell über die Runden
kam, ohne zumindest mal kleinkriminell zu werden.
Doch dann sollte der Tag kommen, an dem uns unser neuer
Sangesmann Porty über den Weg lief.
In Zweibrücken gab es natürlich noch ein, zwei andere Rockbands. Eine dieser Bands bestand aus drei oder vier Jungs, die
es vielleicht zu einem Profivertrag geschafft hätten, wäre
nicht einer der jungen Musikanten den Drogen anheimgefal-
len. Dummerweise war dies unser neuer Sänger, was sich im
weiteren Verlauf der Geschichte noch als ziemlich hart herausstellen sollte. Während ihrer Arbeiten am ersten eigenen
Album mit einigen in den Charts schon bekannten Profimusi-
kern in München, wurde immer klarer, dass es mit den milli-
onenfachen Plattenverkäufen wohl nicht gleich etwas werden
würde. Um aber nicht ganz umsonst in der Großstadt zu
verweilen, freundete sich Porty während der aufnahmefreien
Zeiten mit einem örtlichen Drogendealer an, der sich recht
gut um die jungen angehenden Profimusiker kümmerte. Der
normale Tagesablauf sah also wie folgt aus: Tagsüber wurde
ausgiebig geruht. Am Abend und in der Nacht wurde an den
Songs gearbeitet und anschließend das Münchner Nightlife

angetestet. Alkohol, Drogen, Girls, Partys inklusive. So ergab sich ein Kreislauf, der jedoch zu eskalieren drohte, denn selbst der beste Musiker zerstört genauso seine Kreativität. Letztendlich wurde die Kooperation, die sogenannte Munich Connection dann irgendwann aufgelöst, und die Jungs kehrten desillusioniert in ihre kleinstädtische Heimat zurück. Diese ganzen Eskapaden blieben hier natürlich nicht verborgen, denn es sprach sich schnell herum, dass die so erfolgversprechenden Ansätze der jungen Musiktalente gescheitert waren. Die einzelnen Musiker gerieten hierüber natürlich in Streit und gingen ab jetzt erst mal getrennte Wege. Während zwei der Musiker ganz flott wieder in ihren alten Berufen zu arbeiten anfingen, eröffnete Porty mit einem anderen Freund eine Musikkneipe, um zumindest keiner geregelten Arbeit nachgehen zu müssen.

Die Dirty Dirt Band stand unterdessen immer noch ohne Sänger da und so kam irgendjemand auf die Idee, kurzerhand den gescheiterte „Superstar" zu testen. Der denkwürdige Tag endete mit einem Besäufnis in Portys Kneipe, nachdem bei der angesetzten Probe gleich vier Songs auf Anhieb geklappt hatten. Die Band hatte anscheinend einen neuen Artisten am Mikrofon gefunden, der gleich am ersten Abend zeigte, was er draufhatte, in jeder Hinsicht! Porty hatte uns gerade noch gefehlt. Ein Sänger mit reichlich Ahnung vom Business, einer geeigneten Rockröhre und einer bis jetzt gut gehenden Musikkneipe. Dass er schon damals ein ernsthaftes Alkoholproblem hatte, blieb uns erst mal verborgen.

Wir hingen also nun vermehrt in Portys Kneipe, dem Crazy, herum, was natürlich dem seit Kurzem alleinigen Betreiber des Vis nicht verborgen blieb. Manfred war aus dem gemeinsamen Laden ausgeschieden, und Michael hatte sich entschlossen, künftig alleine weiterzumachen.

Wir und unsere ganze Clique tranken unser Bier also des Öfteren bei Porty und erhielten ziemlich gleich die Kündigung unseres Proberaums, was natürlich aus Michaels Sicht völlig verständlich war. Wir waren jedoch sauer, denn wir standen erst mal mit unserem Equipment auf der Straße. Die aufstrebende Rock 'n' Roll-Legende mit neuem Sänger, aber ohne Proberaum!

Kurz vorher hatte ich ja Post von der Bundeswehr erhalten, zu der ich jedoch auf gar keinen Fall einrücken wollte. Sich einem Verein anzuschließen, der auf Blasmusik marschiert und sich auch noch kindischen Geländeübungen hingibt, war gar nicht mein Ding. Also überlegte ich mir Alternativen. Auswandern!? Ausmustern!? Letztendlich blieb mir nur die Verweigerung des Kriegsdienstes an der Waffe, da alle anderen Einfälle schnell verworfen wurden. Und so informierte ich mich bei einem bekannten Rock 'n' Roller unserer Stadt, der auch schon anderen Unwilligen zum Zivildienst verholfen hatte.

Joe K. besaß zahlreiche Bücher über dieses Thema, und war auch in anderer Hinsicht eine große Hilfe. Er machte mich nämlich mit einem Typen bekannt, der mir bis heute ein treuer Freund geblieben ist: George Thorogood and the Delaware Destroyers.

Wenn es einen Song gibt, der vor Dreck und Straße und Rock 'n' Roll nur so strotzt, dann ist es Thorogoods „Bad To The Bone". Die Hymne schlechthin! Mit diesem Song gewappnet machte ich mich drauf und dran, meine Verweigerung zu tippen! Ich durchforstete die Bücher, fragte meinen

Großvater nach seinen Kriegserlebnissen und bekam so stattliche 20 schreibmaschinengetippte Seiten zusammen, triefend vor Selbstmitleid und Traurigkeit, die ich an das Bundesamt für den Zivildienst abschickte. Natürlich stand kein Wort über mein Vorhaben, Rock 'n' Roll-Sonderbeauftragter der Bundesrepublik Deutschland zu werden, darin, denn das hätte meine Chancen garantiert vermindert. Bei der anstehenden Musterung, die ziemlich zeitnah vollzogen wurde, erhoffte ich mir dann eigentlich eine Antwort, doch es gab keine. Name, Anschrift, Untersuchung, Musterungsbescheid, tauglich zwei! Oh Gott, die wollten mich! Auch die drei Herren in dem großen Raum mit der Deutschlandfahne im Hintergrund machten nicht den Anschein, als würden sie mich einfach so in Richtung Rockheaven ziehen lassen. Die üblichen Fragen wurden gestellt:

Was würde ich wohl tun, wenn die Russen angreifen würden und vorhätten, meine Familie zu massakrieren. Würde ich eine Waffe zur Hand nehmen? Natürlich antwortete ich mit: Nein! Joe Thorogood hatte mir eingehämmert, mich nicht auf solche Fragen einzulassen! Ich weiß nicht mehr wie, aber ich wand mich verbal aus der Umklammerung der anwesenden Karl Moiks, der Sonntagskonzertgenießer, der Rock 'n' Roll-Nichtversteher und verließ den Raum ohne nennenswerte Verluste, aber auch – ohne Ergebnis! Vielleicht hätte ich diese Unwissenden einfach nur laut auslachen sollen.

Eine endlose Zeit von zwei Monaten verging, und ich vergesse nie den Moment, in dem der Lohn meiner Mühen im Briefkasten lag. Mit der Schreibmaschine hatte ich mich abgequält, Gründe gefunden, nicht bei der Bundeswehr zu landen. Klar, war es Pflicht, sich auf die Paragrafen zu berufen, die es einem unter schweren Gewissenskonflikten nicht möglich machten, den Dienst an der Waffe zu leisten. Doch es gab für mich nur einen echten Grund: Nie wollte ich mich einem dahergelaufenen Offizier oder auch sonst einem Dienstgrad unterordnen. Ich war ein Rock 'n' Roller, ein Freidenker! Jemand, der den Sinn einer Sache schon ein ums andere Mal infrage gestellt hatte und daher ganz genau wusste, was er eben nicht haben wollte. Ich öffnete den Brief –und hatte es schwarz auf weiß: Ich musste nicht zum Bund! Ich hatte das Recht, den Dienst an der Waffe zu verweigern! Basta! Der Rock 'n' Roll hatte gesiegt. Hallelujah!

Einerseits eine riesengroße Erleichterung, die ich gleich am Abend mit ein paar Bier feierte, andererseits war ich nun gezwungen mir eine adäquate Stelle im Zivildienst-Lager zu suchen, ehe ich eine zugewiesen bekommen würde. Denn bei solchen Zuweisungen hatte das Bundesamt für Zivildienst in der Vergangenheit schon mehrfach wenig Fingerspitzengefühl bewiesen und es kursierten Gerüchte, dass so mancher bayerische Zivi auf der nördlichsten Nordseeinsel und umgekehrt untergebracht worden war. Da hatte ich ja mal gar keinen Bock drauf!

Derweil lief es mit Nicole eigentlich gut, wir waren mittlerweile fast ein halbes Jahr zusammen, und es schien auf ein längeres Engagement hinauszulaufen. Wir verstanden uns prima, und es gab kaum Probleme. Ihre ständige Abwesenheit zum Training brachte schließlich aber doch Abnutzungserscheinungen in die bis dahin glückliche Paarbeziehung. Und eines Tages lief mir die Schwester des ehemaligen Gitarristen meiner ersten Rockband Overload über den Weg.

Anfangs war dies nur eine reine Freundschaft, doch es entwickelte sich relativ schnell mehr zwischen mir und Ellen. Nicole freundete sich sogar mit ihr an, und wir machten zu dritt einige Wochenend-Partys unsicher. Eine Beziehung zu dritt wäre zwar mal etwas ganz Schönes für den angehenden Minister of Rock 'n' Roll gewesen, doch es kam ganz anders. Eines abends ging ich mit Ellen aus, da Nicole übers Weekend in ihrem Trainingscamp geblieben war. Es war der übliche Freitagabend-Routineablauf geplant, Treffpunkt in unserer Stammkneipe, um dann zu prüfen was sonst noch so kommen sollte. Lange Rede, kurzer Sinn: Die Sache endete etwas angetrunken spät nachts in meinem Bett, und Nicole war Geschichte!

Ellen war die Frau, mit der ich zusammenbleiben wollte. Sie hatte alles, was sich ein junger Typ wie ich es wünschte. Sie sah klasse aus mit ihren langen, gewellten, dunklen Haaren, hatte eine Spitzenfigur, den hundertprozentigen Plan vom Rock 'n' Roll und war auch ein kleines bisschen schräg drauf, genau wie ich! Nicole erfuhr ziemlich gleich von uns beiden, allerdings blieb sie relativ gelassen, denn sie hatte sich wohl schon so etwas gedacht. Auch später grüßten wir drei uns noch, wenn wir uns mal begegneten. Vielleicht hatte auch sie insgeheim von einer Dreiecksgeschichte geträumt. Wer weiß?

Ellen arbeitete zu dieser Zeit im örtlichen Freibad am Getränkeverkauf. Sie war jung und brauchte wohl das Geld, nachdem sie ihr Gymnasium zum Leidwesen ihrer Eltern nach der 10. Klasse hingeschmissen hatte. Eines Tages, mir war es ziemlich langweilig, beschloss ich, ihr einen frühen Feierabend zu bescheren. Kurzerhand nahm ich in einer Telefonzelle Kontakt mit der Kasse des Freibades auf: „Hier ist die

IRA, im Bad befindet sich eine Bombe!" Fünfzehn Minuten später stand Ellen grinsend in der Tür meines Zimmers und wusste ganz genau, wer angerufen hatte. Offensichtlich hatten es die Bademeister recht eilig, jeden aus dem Bad zu befördern, um dann eine Hundertschaft Polizisten und Soldaten nach der ominösen Bombe suchen zu lassen!

Unsere Beziehung war von solchen Verrücktheiten geprägt, denn keiner stand dem anderen in irgendeiner Weise nach. So war sie eine begeisterte Motorradfahrerin und lud mich mehr als einmal unvernünftiger Weise ohne Helm zu einer Spritztour ein.

An dieser Stelle sei erwähnt, dass ich nie dem Geschwindigkeitsrausch eines Zweirades erlegen bin und mir Motorräder bis heute nicht so ganz geheuer sind. Nicht dass ich die Raserei an dieser Stelle irgendjemandem vermiesen will, nein, überhaupt nicht! Es ist nur so, dass ich als normal denkender Mensch nicht ganz so schnell von unserem schönen Planeten verschwinden möchte und schon gar nicht mit gebrochenem Genick und einer Leitplanke durch den muskelgestählten Oberkörper. Mal abgesehen davon, fallen Autos auch wesentlich schwerer um.

Ständig irgendwelche halbnackten, bierbäuchigen Typen, die ihr auf den zugegebenermaßen knackigen Hintern glotzen, hält selbst die mit dem allergrößten Selbstvertrauen ausgestattete Frau nicht aus, und so kündigte Ellen ihren Freibadjob an dem Tag, an dem sie die Zusage für einen Platz an einer Erzieherschule erhielt. Sofort schmiedeten wir Pläne, wie unser weiteres gemeinsames Leben aussehen könnte, da klar war, dass ihre Erzieherinnenausbildung im 100 Kilometer entfernten Speyer beginnen sollte. Ein Ziviplatz musste also zeitnah her, und so schrieb ich Bewerbungen für alle möglichen Einrichtungen, die Interesse an Rock 'n' Rolltauglichen jungen Burschen haben könnten.

Nach den ersten Absagen hatte ich das Glück, eine positive Nachricht eines Jugendzentrums zu erhalten, welches einen Zivildienstleistenden mit handwerklichen Fähigkeiten suchte. Mit viel Selbstvertrauen ausgestattet machte ich mich auf den Weg, um die begehrte Stelle zu bekommen. Ich gab mich ganz locker, sprach vor und erwähnte ganz nebenbei, dass ich in einer Band Musik machte. Volltreffer! Der Chef des Jugendzentrums in Speyer organisierte selbst schon jahrelang das Altstadtrock Festival und hatte wohl gleich unsere innere Verbundenheit gespürt. Noch Jahre später pflegte ich regelmäßige Kontakte zu den Leuten vom JUZ, die mir in der harten Zivizeit doch arg ans Herz gewachsen waren. Ich hatte also den Job. Was jedoch noch viel cooler war: Das Jugendzentrum war ebenfalls in Speyer. Genau in der gleichen Stadt, in der Ellen ihre Ausbildung anfangen sollte.

Während mein Herz in jeglicher Hinsicht Purzelbaum schlug – ich hatte ja jetzt eine Spitzenfrau als zukünftige Mutter meiner 12 Kinder und eine positive Zivildienstzukunft –, musste ich nur noch die Dirty Dirt Band irgendwie durch diese Zeit bringen. Mein Plan sah so aus: Da ich in absehbarer Zeit ja als Zivi eingespannt sein würde, versuchte ich die Proben – die übrigens im Keller des Wohnhauses unseres neuen Sängers stattfanden – auf die Wochenenden zu legen. Dies war gar nicht so einfach, denn Porty musste ja seine Kneipe am Laufen halten. Ihm fielen ständig irgendwelche Jobber aus und er musste einspringen, schließlich war es ja sein Lebensunterhalt, der bestritten sein musste. Aber irgendwie kamen die Proben zustande, mein Weekendprobenplan ging auf, unser Programm wuchs stetig und wir hatten bald 15 Songs im Rock 'n' Roll-Repertoire.

Noch nie vorher war ich stolzer auf eine Band, zu der ich gehörte. So blieb mir in der ganzen Euphorie völlig verborgen, dass sich unser Sänger mittlerweile ein ernsthaftes Alkoholproblem eingefangen hatte. Klar, für ihn war immer Wochenende und er stand den professionellen Trinkern und stadtbekannten Schluckspechten täglich in der Kneipe gegenüber. Doch dass er schon seit Längerem versuchte, in der gleichen Liga mitzukippen, sah von uns Musikern und Freunden erst mal keiner.

So kam es, wie es kommen musste. Bei einem erneuten Saufgelage fiel er in ein alkoholbedingtes Trinkerkoma und ward eine Woche von der Bildfläche verschwunden.

Im näheren Rock 'n' Roll-Freundeskreis machte sich Ärgernis über die eigene Beschränktheit breit. Warum hatten wir nur so lange zugesehen! Warum fand es jeder lustig, wenn wir alle bis spät in die Nacht im Crazy feierten und der Chef des Ladens, unser Wahnsinnssänger der Betrunkenste war? Warum sah niemand von uns sein Leben oder zumindest unsere Band in Gefahr?

Doch bevor dieser Zusammenbruch geschah, kam es zum ersten und einzigen Auftritt der Dirty Dirt Band, und das kam so: Porty hatte Geburtstag und feierte diesen in seiner Wohnung, die witzigerweise schräg gegenüber seiner Kneipe lag. Ständig gab es einen Pendelverkehr zwischen Wohnung und Kneipe, um neben den normalen harten Alkoholika mal eben ein paar Kisten Bier extra rüber zu schleppen. Es wurde sehr, sehr spät, alle waren betrunken. Man beschloss am nächsten Morgen, der ziemlich schnell kam, gemeinsam in eine weitere Kneipe zu ziehen, um auch dort noch ein bis zwei alkoholische Getränke einzunehmen. Was noch zu erwähnen wäre, ist das alljährliche Stadtfest, welches genau an diesem Sonntag mit dem Wahnsinnsgig der Dirty Dirt Band zu Ende gehen sollte.

In besagter Kneipe wurde also weiter getrunken und es begab sich, dass André, der Betreiber der gleichnamigen Kneipe, eine Bühne in seinem Biergarten aufgebaut hatte, auf der am Vorabend eine Funkband aufgetreten war. Schnell war im alkoholisierten Zustand die Verbindung zwischen Bühne und Dirty Dirt Band hergestellt und ein Preis für den Auftritt war schnell ausgehandelt: Getränke für Band und Angehörige. Noch am gleichen Abend stand die Band zum einzigen, besten und zugleich letzten Mal gemeinsam auf den Brettern, die die Welt bedeuten!

Der Biergarten war prall gefüllt, denn es hatte sich rasend schnell herumgesprochen, dass sich hier am Abend der aufgehende Stern am Kleinstadt-Rockhimmel zum ersten Mal zeigen (und aus heutiger Sicht auch leider gleich wieder verglühen) würde. Ich erinnere mich noch an Perlen wie „Breakin' The Chains" von Dokken, „You're In Love" von Ratt oder „Hells Bells" von AC/DC. Wir waren gut, aber alle besoffen, und ich weiß nicht mehr wie ich an diesem Abend nach Hause kam. Die Bühne lag voller leerer Kräuterschnapsfläschchen der Marke Kümmerling, die wir während unseres sagenhaften Engagements weggeschluckt hatten. Allen voran jedoch unser Sänger, der wild gestikulierend jeden Song mit einer Performance verzierte, die stark an eine spastisch gelähmte, alkoholisierte und von Stromstößen durchzuckte

Version von Joe Cocker erinnerte. Bis auf spastisch oder gelähmt stimmte der Rest ja auch ganz genau.

Ziemlich gleich nach diesem Auftritt folgte dann der komplette Absturz unseres Sangesmannes, der uns zu einer Pause der Dirty Dirt Band zwang, die bis heute andauert. Seine Kneipe ging übrigens kurz darauf ebenfalls den Bach runter, und er verschwand komplett von der Bildfläche. Entgiftung, Kur, Abgeschiedenheit. Er war wie vom Erdboden verschluckt …

Die Zivildienstzeit rückte näher und ich begab mich in die große, weite Welt. Ich zog von zu Hause aus, um mit Ellen in der Ferne zu leben. Mit kargem Zivilohn und Unterstützungsmoneten von ihren Eltern schlugen wir uns durch diese wilde Zeit des langsamen Erwachsenwerdens. Monetäre Zuwendung von meinen Eltern konnte ich nicht erhoffen, denn beide antworteten schlicht, ich hätte ja auch in ihrer Nähe bleiben können, dann hätte ich zumindest kostenfrei wohnen können. Also sagte ich mich los vom Elternhaus.

Der Zivildienst – ein Thema für sich. Ich hatte es supercool getroffen. Meine Arbeitszeit ging jeden Morgen um 9 Uhr los und dauerte bis 18 Uhr. Ich konnte also locker morgens etwas länger schlafen und kam vollkommen relaxed bei den Damen und Herren des JUZ an. Die eigentlich städtischen Mitarbeiter der Einrichtung waren ausnahmslos ziemlich lockere Zeitgenossen, die den jungen Wilden gleich in ihr Herz schlossen. Allen voran Volker und Thommy, die die Holzwerkstatt betreuten und auch gerne mal eine Flasche Bier tranken, natürlich während der Dienstzeit. Wolfgang, der Boss des Hauses, war auch relativ locker, denn er schusterte mir geniale Jobs zu, was mir zumeist einen eigenen, städtischen Dienstbus bescherte, mit dem ich durch ganz Speyer tuckerte, um dies oder das zu erledigen. Ich kam also mit meinem Dienstbus viel herum in der Domstadt und knüpfte durch das Ausfahren verschiedener Werbeblätter des JUZ Kontakte zur dortigen Rock 'n' Roll-Szene, was auch später noch ziemlich nützlich sein sollte.

Aus heutiger Sicht betrachtet, ging der Zivildienst viel zu schnell vorbei, wenn man bedenkt, dass er damals noch 18 Monate dauerte. Die späteren Zivildienstleistenden hatten sich ja gerade mal an eine Stelle gewöhnt, da konnten sie schon wieder packen, so verkürzt wurde die Zivizeit zum Schluss – ehe er dann ganz abgeschafft wurde. Im Grunde war die Zeit in Speyer eine sehr schöne, wenngleich es auch oft Streit zwischen Ellen und mir gab. Schuld war das liebe Geld, welches ich schneller ausgegeben hatte, als es auf unser Konto eingegangen war. Klar, es gab ja nur einen geringen Sold, dafür jede Menge neuer Schallplatten – und das jeden Monat. Außerdem trank ich in dieser Zeit relativ oft und regelmäßig, was ich mit Ellens Hilfe (und jeder Menge Ärger) nach drei Jahren in Speyer aber wieder vollständig in den Griff bekam, denn ich sah ein, dass es viel notwendiger war, meine Schallplattensammlung zu vergrößern, anstatt die ganze Kohle in den Getränkeshop zu bringen.

Trotzdem, wenn ich heute an viele Episoden aus der Zeit in der Domstadt zurück denke, bleibt eigentlich nicht viel mehr übrig als abendliche Trinkgelage bei Freunden oder die ständigen Auseinandersetzungen mit Ellen, die uns schon damals fast das Genick gebrochen hätten. Andererseits waren wir frei, von zu Hause weg, auf dem Weg erwachsen zu werden. Keine Minute dieser Zeit möchte ich missen.

An den Wochenenden kamen wir regelmäßig zurück in unsere Heimat, und auch hier beschloss ich irgendwann, mit der Trinkerei einfach langsamer zu machen, denn ich wollte auf gar keinen Fall so enden wie Porty, der immer noch nicht wieder aufgetaucht war. Die Jungs und Mädels vom Alkoholabschirmdienst leisteten ganze Arbeit. Er blieb verschwunden.

Als mein Zivildienst dann vorbei war, dauerte Ellens Ausbildung jedoch noch an, denn sie musste ein Anerkennungsjahr absolvieren und ich machte mir so ganz langsam Gedanken, womit ich jetzt mein Handgeld verdienen wollte. Immer häufiger hörte ich nun den Ruf der großen, weiten Welt, denn ich war ja nach wie vor besessen von dem Gedanken, der neue Messias des Rock 'n' Roll zu werden. Trotzdem musste irgendwie Bares her, und ich nahm alle Jobs an, die ich bekommen konnte. Vom Lageristen bis zum Nikolaus war alles dabei.

Zum Engagement als Nikolausimitator kam ich noch über die Connection aus meinen Zivildiensttagen, denn im JUZ gab es schon länger diesen Nikolausverleih. Ich inserierte im Vorfeld des Nikolaustages privat in den einschlägig bekannten Zeitungen Speyers, um am 6. Dezember ab 16 Uhr in diversen Haushalten als St. Nikolaus aufzutauchen. Dort standen dann bereits an vorher abgesprochenen Orten (Treppenhaus links, hinter der Mülltonne im Garten) die Geschenke für die Kleinen, die ich mit großem „Ho, ho!" aushändigte. Jedoch nicht, ohne mir vorher die ewig gleichen Gedichte und Lieder singen zu lassen. Pro zu bescherendem Kind nahm ich damals 15 DM, ehe ich mich im Viertelstundentakt zur nächsten Familie aufmachen musste. Also, Sack auf den Rücken und weiter! Warum war eigentlich nicht öfter dieser 6. Dezember? Schnell verdientes Geld mit zum Teil jedoch peinlichen Momenten! Wenn der Nikolaus zu bereits pubertierenden Jugendlichen gerufen wurde, fanden die den Herrn in Rot natürlich wenig prickelnd. Da musste ich schon alle Register ziehen und verfluchte dafür bei meiner Abfahrt die Eltern, die mich jeweils in diese Bredouille gebracht hatten. Der Oberhammer war jedoch der Nikolausbesuch in einem Bordell, bei dem die Bediensteten beschert werden sollten. Die Herbergsmutter schien sich einen Spaß daraus gemacht zu haben, ihren Girls eine Kleinigkeit zukommen zu lassen. So kam ich armer, knapp 20-jähriger Jüngling völlig unvorbereitet ins Haus Julia, welches von außen nicht als Nachtetablissement zu identifizieren war. Der Nikolaus hatte den Auftrag erhalten, aus einem offen stehenden Fahrzeug der S-Klasse kleine Päckchen zu entnehmen und diese dann im Haus abzugeben. Die Tür wurde von einem muskulösen Herrn geöffnet, der sogleich alle nur sehr sparsam bekleideten Damen zusammenrief. St. Nikolaus fielen fast die Augen aus dem Kopf. Unter viel Gekicher wurden die Päckchen im samtenen Foyer überreicht und sogleich ausgepackt. Ich verließ völlig fertig das Freudenhaus. So hatte ich sieben oder acht Damen gleichzeitig beglückt, eine Freude, die mir niemals wieder zuteilwurde. Der Nikolaus musste aber weiter.

KAPITEL 15
MONEY MAKES THE WORLD GO ROUND

Ellen machte weiterhin Druck, denn sie verdiente in ihrem Anerkennungsjahr natürlich auch noch nicht genug, um uns beide durchzufüttern. Es kam immer öfter zu unschönen Szenen in der Öffentlichkeit, und so trennten wir uns schließlich. Es gab auf beiden Seiten viele Tränen, doch es konnte so nicht gut gehen mit uns beiden. Sie zog direkt nach ihrer Ausbildung wieder nach Hause, und ich bekam, gerade als ich wieder kurz vor einem Absturz in den Lake of Alcohol war, erst einen Job im Lager eines großen Elektrounternehmens und dann auch noch eine eigene kleine Wohnung in unserer Heimatstadt, die zwar karg, aber zweckmäßig ausgestattet war. Wohnküche, Schlafzimmer, Wohnzimmer, Bad im Treppenhaus. Das Rock 'n' Roll Headquarter schlechthin, jedoch mit einem makabren Geheimnis aus der Vergangenheit. In dem Zimmer, in dem nun mein Schlafzimmer war, hatte ein halbes Jahr zuvor für mindestens drei Monate eine männliche Leiche gelegen, nämlich die meines Vormieters, ehe sie vom Vermieter entdeckt worden war. Diese Detailinformation bekam ich von einem alten Bekannten, der zufälligerweise über mir wohnte. Kirk – genau, der irre, dunkelhäutige Amerikaner aus der Motor City Detroit, der Tag und Nacht Iggy Pop hörte und ziemlich viel Frauenbesuch hatte, was nicht zu überhören war. Ein Wettstreit war vorprogrammiert.

Meinen Job im Lager bei Grundig bestand entweder darin, auf der Frühschicht morgens um 6 Uhr vor Ort zu sein, zwei oder drei Lkws abzuladen, um dann das Material in Regale zu sortieren oder es direkt an die Bänder mit den Arbeitern und Arbeiterinnen zu verfrachten. Die Mittagsschicht sah ähnlich aus, allerdings ließ die allgemeine Arbeitsmoral in meiner Abteilung gegen 16 Uhr merklich nach, denn die Vorarbeiter hatten dann Feierabend. So vergingen unzählige Mittage, an denen ich mit einigen Kollegen AFN Kaiserslautern hörte, Karten spielte, ein bis zwei Kästen Bier trank oder wir uns auch schon mal mit einigen Mädels aus der Fertigung im Styroporlager trafen, sofern diese sich, von ihren Vorarbeitern strengstens bewacht, irgendwie und auch nur ziemlich kurz abseilen konnten. Der Akkord an den Fließbändern des Werkes hatte ja zu stimmen …

Eigentlich mochte ich jedoch die Frühschicht lieber, denn dann war man um 14.30 Uhr zu Hause und hatte den ganzen Rest des Tages für sich. Mit meinem kürzlich erworbenen Renault Rapid Kastenwagen stellte ich Mittag für Mittag neue Geschwindigkeitsrekorde auf, um mich vom stressigen Arbeitsalltag möglichst schnell zu Hause erholen zu können. Mein Schlagzeug hatte ich mit in die neue Wohnung genommen, nachdem ich es während der Zivildienstzeit im Keller meiner Mutter geparkt und wir die Dirty Dirt Band ja auf Eis gelegt hatten. Ungefähr zu diesem Zeitpunkt wurde mir auch schmerzhaft bewusst, dass ich fast zwei Jahre keiner festen Band mit regelmäßigen Auftritten mehr angehörte und somit meinen Traum ein Stück weit aus den Augen verloren hatte. Meister Porty war immer noch verschwunden und an die Dirty Dirt Band somit nicht mehr zu denken, da wir nach

Portys Abgang keinen Ersatz gefunden, eigentlich aber auch gar keinen gesucht hatte. Es musste Abhilfe geschaffen werden, also übte ich ab jetzt täglich auf meinem Drum Kit, welches ich in meiner neuen Wohnung inmitten der geräumigen Küche aufgebaut hatte. Da meine spielerischen Fähigkeiten leicht eingerostet waren, wurde es notwendig, oft Wiederholungen zu proben, was für die nähere Umgebung nervenaufreibend zu sein schien, wie sich herausstellen sollte. Ich hielt mich zwar strikt an die Probezeiten, die sogar in meinem Mietvertrag schriftlich festgehalten waren, dennoch gab es des Öfteren Wortgefechte mit einem der Nachbarn von nebenan. Werner, ein etwa 55-jähriger Frührentner, und seine Frau verbrachten den ganzen lieben, langen Mittag damit, ihren Garten in Schuss zu halten. Mehr als einmal klingelte einer der beiden Gartenzwerge nach 15 Uhr an meiner Haustür, ob ich das Schlagzeugüben nicht unterlassen könne, da es die gesamte Nachbarschaft störe. Komischerweise sah oder hörte ich nie jemand anderen, der sich beschwerte. Im Gegenteil. Kirk, der amerikanische Punk Fan, äußerte sich gar nicht zu meinem Geübe, er machte seine Iggy- oder Captain-Beefheart-Musik einfach noch etwas lauter. Oder er vergnügte sich höchstwahrscheinlich mit einer seiner Gespielinnen im Takte meiner Schlagzeugkünste. Ihm kamen Wiederholungen vielleicht sogar ganz recht!

Hätte ich es damals auf einen Nachbarschaftsstreit mit Werner angelegt, so wäre mir zumindest ein triftiger Grund eingefallen. Nein, nicht das ewige Gemeckere wegen meiner Sechzehnteltriolen am Schlagzeug, sondern die Tatsache, dass Werner und seine Liebste ihr Badezimmer direkt neben meiner Schlafzimmerwand hatten. Ich konnte Werners

Durchfallgeräusche ebenso gut wahrnehmen wie die Versuche seiner Frau, einen Sonntagmorgen-Sangeswettstreit mit Karel Gott auszutragen. Karel im Radio – die Nachbarin unter der laufenden Dusche. Es war schrecklich, dennoch biss ich es durch, denn gegen mein Schlagzeugspiel konnten die beiden letztendlich auch nichts tun. Vielleicht waren es ja sogar die beiden gewesen, die meinen verstorbenen Wohnungsvormieter in den Tod getrieben hatten …

Neben der Verbesserung meines Schlagzeugspiels und dem Heraushören weiterer Musikstücke, spielte zu dieser Zeit wieder das weibliche Geschlecht eine sehr große Rolle, nachdem ich mich ja tränenreich von Ellen getrennt hatte. Über mir wohnte ein frauenverschlingendes, amerikanisches Sexmonster, dessen Damenbesuch (zu meiner Erquickung) oft halb bekleidet über den Flur unseres Hauses tänzelte (wie gesagt: WC im Flur), und auf der öden Lagerarbeit Mittagsschicht kam es auch nur äußerst selten zu koitalen Dehnübungen. Der besagte Wettstreit mit Kirk begann, ohne dass er eigentlich von irgendjemand ausgesprochen wurde. So hatte ich mindestens drei Monate lang ein bis zwei Mal in der Woche ebenfalls weiblichen Besuch in meiner Rock 'n' Roll-Raubtierhöhle. Zum Teil waren dies alte Freundinnen, deren Telefonnummer man immer vorsichtshalber aufgehoben hatte, oder es ergaben sich neue Bekanntschaften bei meinen wöchentlichen Ausflügen in die umliegenden Rockschuppen. Ich wollte meinem Nachbarn Konkurrenz in Sachen Frauen machen, was mir aus meiner Sicht auch gelang. Ob er meine Eskapaden letztendlich mitbekommen hat – egal! Jahre später erzählte er mir, dass er durch sein Hobby, die Fotografie, gar nicht mal so sehr körperlichen Kontakt mit den Damen hatte, es ging ihm in den meisten Fällen viel eher um Aktfotografie. Eine fast schon geniale logistische Meisterleistung vervollständigte mein Hochgefühl, denn ich schaffte es während der gesamten Zeit, dass sich keine der Frauen auch nur irgendwie in der Nähe meiner Wohnung trafen oder voneinander wussten. Bei zwei der Damen wundert mich das auch heute noch, denn sie waren Schwestern und hatten beide einen festen Freund. Dennoch war die Zeit sehr stressig für mich, denn nie war ich mehr am Ordnunghalten als in diesen wilden drei Monaten, denn man(n) kann sich kaum vorstellen, welche Probleme ein solches Leben, welches ja zumindest den Frauen gegenüber geheim bleiben sollte, mit sich bringt. Zum einen waren da mal die ganzen relevanten Details im Vorfeld eines jeden Rendezvous. Angefangen bei einer sauberen, ordentlichen Wohnung inklusive Badezimmer, was für alle mir bekannten Damen einen ziemlich wichtigen Faktor darstellte. Ein sauberes, gepflegtes Bad schien für alle Damen ein Indikator für einen gepflegten Beischlaf zu sein. Es glich fast schon einer Gleichung, die da lautete: Bad sauber – hemmungsloser Sex. Die Frauen legten großen Wert auf Ordnung, und die bekamen sie in meiner gesamten Wohnung. Es hingen immer frische Handtücher an den dafür vorgesehenen Plätzen, was den Frauen in Sachen Sauberkeit nach dem Vollzug irgendwie entgegenzukommen schien. Auch das Duschen sollte zu jeder Tages- und Nachtzeit möglich sein. Es war möglich! Der einzige Nachteil meiner Wohnung war, dass sich das Bad im Treppenhausflur befand. Mehr als einmal jammerten die Lieben herum, da sie halbnackt durchs kalte Treppenhaus mussten.

All diese mir selbst auferlegten Grundregeln zur Verschönerung der Besuche, bescherten mir allerdings tagsüber ungeheure Wäscheberge, denn die Handtücher wollten ja auch sauber gehalten werden. Manchmal wurde ich sogar gefragt, warum ich eigentlich so oft meine Bettwäsche wechseln würde. Weitere Punkte, die mich zum Planungsweltmeister werden ließen, waren der Einkauf zum ordnungsgemäßen Befüllen meines Kühlschranks (ab und zu Sekt und Kerzen – ja, die lagerte ich auch dort!) und meiner Süßigkeitenecke. Ich weiß bis heute nicht, warum Frauen so viel naschen müssen, wenn sie dann zu 95 Prozent anschließend über ihre Figur zu jammern beginnen. Männer scheinen für solche Situationen ein fest installiertes Programm abzurufen, indem sie sagen: Hey, du hast doch eine Spitzenfigur, nur um von dem ewigen, kaum bemitleidenswerten Geheule möglichst schnell erlöst zu sein.

Die Vorbereitungen liefen immer gleich ab. Einmal in der Woche ging ich zum Einkaufen um meinen Haushalt neu zu bestücken. Dann reinigte ich je nach Besuchsfrequenz die komplette Wohnung, um dann auch noch je nach Bedarf meine Bettwäsche, Handtücher usw. zu waschen. Oft fand ich dort irgendwelche Damenunterwäsche, die ich logischerweise nicht mehr zuzuordnen vermochte. Dennoch kam so nach einer Weile eine Art Trophäensammlung zusammen. Allerdings gab ich die Fundstücke auf Nachfrage natürlich auch wieder an die Besitzerinnen zurück, jedoch ohne dass diese die anderen gesammelten Wäscheteile zu sehen bekamen. Das hätte wohl nur unnötige Scherereien gegeben. Man stelle sich mal vor, eine der Schwestern hätte vielleicht den Slip der anderen irgendwie wiedererkannt. Kaum auszudenken!

Bei einem Arbeitstag mit Wechselschicht in der Elektrofirma war ich also relativ gut beschäftigt, wenn man bedenkt, dass ich sehr viel Schlagzeug übte, mich mit Nachbarn herumärgerte, meine Schallplattensammlung vergrößerte, aufräumte, Unterwäsche sortierte, Vorbereitungen traf und dann auch noch die eigentlichen Treffs planen und durchführen musste. Ich hatte einen Fulltime-Job zu bewältigen. Und wieder mein Ziel, der Rock 'n' Roll-Beauftragte des Planeten Terra zu werden, aus den Augen verloren. Hatte ich zu dieser Zeit eigentlich Sozialkontakte zu meinen Freunden und ehemaligen Musikerkollegen? Ich weiß es nicht mehr!

Auf jeden Fall blieb unser damaliger Sänger Porty weiterhin verschwunden, und das, obwohl nach dem einzigen Auftritt der Dirty Dirt Band und seinem finalen Absturz mittlerweile zwei Jahre vergangen waren. Wo war er? Es konnte doch ganz einfach nicht sein, dass ein Typ mit solch einer begnadeten, von Gott gegebenen und vergoldeten Stimme mir nichts, dir nichts keinen Bock mehr auf Rock 'n' Roll hatte. So hatte ich ihn keinesfalls eingeschätzt. Aber er war nicht aufzufinden. Seine Therapie musste ja wohl schon lange vorbei sein, denn ich hatte noch nie von einer langjährigen Entzugskur gehört. Höchstwahrscheinlich war er untergetaucht oder war in einer anderen Stadt ohne mein Wissen zum Sangesgott aufgestiegen. Auch Versuche, über gemeinsame Bekannte und deren Connections zu seinen Eltern herauszufinden, wo er war, scheiterten kläglich. Es sei allerdings an dieser Stelle erwähnt, dass seine Eltern immer den bösen Musikern die Schuld an seiner Sucht gegeben hatten. Sie verhielten sich wie eingeschnappte kleine Kinder, die beleidigt waren, weil jemand ihnen ihren Lieblingssohn weggenommen hatte. Verständlicherweise zeigten sie wenig Lust, uns seinen Aufenthaltsort zu nennen. Waren wir doch in ihren Augen sozusagen die Abgesandten der Hölle, die Gehilfen des Dämons Alkohol!

Andere Abgesandte des Bösen griffen zu dieser Zeit im Nachbarort zum Telefon, um über meine Mutter meine aktuelle Telefonnummer herauszubekommen. Es klingelte also mein Telefon, und einer der Ex-Musikkollegen bat um meine Hilfe. Der Drummer seiner aktuellen Band war ausgestiegen, und die Caprifischer waren für diverse Auftritte gebucht. Nach anfänglichem Zögern und einem Tag Bedenkzeit, den ich wieder mal mit Einkäufen und Kulturarbeiten für ein anstehendes Rendezvous verplant hatte, sagte ich trotz meiner Ressentiments zu. Es würden nur fünf oder sechs Auftritte sein, die aber lukrativ, recht lustig und attraktiv werden sollten.

Es wurde genau einmal geprobt, denn die Songs waren komischerweise fast die gleichen wie zur damaligen Zeit, inklusive „Bad Moon Rising" oder „All Right Now". Lediglich drei oder vier aktuelle Charthits befanden sich neu im Programm. Diese waren aber ziemlich tanzmusikmäßig umarrangiert. Zu erwähnen wäre vielleicht auch noch die Anwesenheit eines Keyboarders, einer Spezies Mensch, wie sie jedem echten Rock 'n' Roller zwangsläufig seltsam erscheinen muss. Musiker, die mittels Tasten aus einem elektronisch verstärkten Gerät Töne zaubern, sollten für mich ein rotes Tuch werden – genau wie die berühmten lackierten Fußnägel!

Ich hatte und habe bis heute einen großen Respekt vor echten Pianisten, die es verstehen, auf einem handelsüblichen Piano oder einem Flügel einen vernünftigen Boogie-Woogie oder einen Rock 'n' Roll zu spielen. Jerry Lee Lewis is God! Keyboarder hingegen sind für mich nach wie vor Tastendrücker, die sich einfach ein Programm auswählen und dann zwar Akkorde greifen, den eigentlichen Klang aber vom Keyboard herstellen lassen. Ich kann nicht erklären, warum sich die Abneigung dieser Sorte Mensch (ich vermeide bewusst das Wort Musiker) mir gegenüber bis heute gehalten hat. Aber ich habe bis auf eine feine Ausnahme noch nie einen rein menschlich gesehen vernünftigen Keyboarder kennengelernt, der nicht auch privat total von sich überzeugt war. Mal ganz abgesehen von der Arroganz auf der Bühne. Wie gesagt, eine Ausnahme: Michael D. You know who you are!

Gitarristen sind da ganz anders, Bassisten sind oft der gemütliche Teil der Band, Drummer zumeist die Verrückten und oft die Aktivposten und Macher einer Combo, Sänger sind die Stars (zumindest meinen sie das), aber Keyboarder … Definitiv nicht meine Wellenlänge. Wie gesagt, nichts gegen Jerry Lee Lewis, Ray Charles oder Jon Lord, aber Keyboarder in Top-40-Bands oder eben Tanzmusiker – ich weiß nicht, ich weiß nicht!

Nach dieser einen Probe stand ziemlich gleich ein Auftritt an. Es war ein Dorffest in der Nähe unserer Kleinstadt. Wie ich es schon so oft in meiner eigenen Tanzmusikervergangenheit erlebt hatte und es eigentlich nie mehr erleben wollte, wiederholten sich die gleichen Dinge wie damals: Treffpunkt Proberaum, Anlage einladen, Fahrt mit dem bepackten Renault zum Auftrittsort. Dort standen schon die Organisatoren in ihren weißen Socken und Sandalen, zumeist vom Vorabend noch angetrunken: die Vorsitzenden der Bierzelt-Gemütlichkeit! Wie schon immer gab es den obligatorischen

Begrüßungstrunk für die Musiker, was immer noch die gängige Art zu sein schien, sich mit der Band anzufreunden. Nichts hatte sich in den letzten 15 Jahren geändert. Die gleichen Sprüche, die gleichen Rituale. Dann wurde aufgebaut, der Sound gecheckt und anschließend erst mal etwas gegessen, wie üblich Hausmannskost. In unserer pfälzischen Heimat gab es da zumeist eine echte Pfälzer Schlachtplatte aus Leber- und Blutwurst oder Saumagen, einen mit Kartoffel und gewürztem Bratwurstmett gefüllten (natürlich gereinigten) Schweinedarm, der schmackhaft angebraten wird. Dazu gab es Brot, Senf und so viel zu trinken, wie die Band wollte, was überall und wie immer mit dazu gehörte. Der Alkoholpegel ging wie üblich jetzt schon nach oben. Einige der Musiker fuhren nach dem Soundcheck noch einmal heim, um ihre Freundinnen oder Frauen abzuholen. Dummerweise (oder sollte ich sagen glücklicherweise) war auch der Keyboarder einer von denen, und schien seine Freundin oft zu den Auftritten mitzubringen. Sandra war 26, hatte kurze blonde Haare, sah eigentlich recht burschikos aus und war, wenn man mal von der Tatsache absah, dass sie mit einem Keyboarder liiert war, supernett – und hatte keine lackierten Nägel! Michael, der Keyboarder, stellte mich noch am gleichen Abend recht freundlich seiner Flamme vor und ab diesem Moment schien sich zwischen mir und Sandra etwas anzubahnen.

Der Auftritt verlief so weit problemlos, mal abgesehen von den alkoholbedingten Ausfallerscheinungen des Bassisten gegen Ende des fünfstündigen Marathonprogramms mit mehreren Pausen. In diesen Pausen unterhielt ich mich mit Sandra und fand sie sehr sympathisch. Der Keyboarder war übrigens in dieser Zeit viel lieber in der Sektbar verschwunden, wo er seinerseits mit einigen Damen oder den Veranstaltern zwei bis drei Zusatzschnäpse zu sich nahm, was sich komischerweise auf sein Tastendrücken nicht negativ auswirkte. Wahrscheinlich war das Instrument zu 100 Prozent programmiert oder er war bereits immun gegen Alkoholika geworden. Bei den folgenden beiden Auftritten in zwei Dorfgemeinschaftshallen wurde mehr aus unserem Flirt, denn wir verzogen uns in den Pausen nach draußen, wo die Luft wesentlich besser war und wo man sich ungestörter unterhalten konnte.

Aus den Gesprächen wurde mir immer klarer, dass die Beziehung der beiden eigentlich sowieso schon kaputt war, denn Michael war der Damenwelt äußerst zugetan und hatte eigentlich kaum mehr Interesse an seiner Freundin. Sandra erzählte mir, dass sie seit einiger Zeit keine große Lust mehr hatte, auf die ewig gleichen Veranstaltungen mitzufahren, auf denen dann ihr Freund oft nur Augen für die anderen Damen des Abends hatte oder sich zumindest in den Pausen nicht mehr zu ihr gesellte und sie sich dann mit den anderen Musikerfrauen alleingelassen fühlte.

So war ich wie oft zur richtigen Zeit am richtigen Ort, und schon in der nächsten Pause der Caprifischer knutschten wir hinter der Halle herum. Eine Woche später, nachdem wir mehrmals telefoniert hatten, kam es dann zum Äußersten. Nach einem Auftritt auf irgend einem Betriebsfest, auf dem übrigens wie bei allen anderen Auftritten der Tanzkapelle eine sehr großzügige Gage gezahlt wurde, kam sie spät nachts zu mir nach Hause, nachdem Michael sie in ihrer eigenen Wohnung abgesetzt hatte. Er wollte am darauffolgenden Morgen irgendwie früh los, und so hatte sie vorgegeben, in ihrer eigenen Wohnung schlafen zu wollen. Natürlich war die Sache abgemacht, dementsprechend war meine Wohnung für ein Rendezvous präpariert.

Es war die bis dahin spannendste Heimlichtuerei in meinem kurzen Leben, denn irgendwie törnte uns diese gegenseitig an. So blieben wir auch über die wenigen musikalischen Gastspiele als Aushilfstanzmusiker hinaus für gelegentliche horizontale Turnübungen zusammen, obwohl Sandra sich letztendlich doch nicht von ihrem Keyboarder trennte. Glücklich war ich darüber, dass ich sie geschickt in meine üblichen Bekanntschaften und Terminplanungen einbauen konnte, ohne irgendwelche Gefühle zu verletzen.

Unterdessen ging es mit dem deutschen Elektronikkonzern mit Hauptsitz in Nürnberg und Fürth, dessen Lager ich mit einigen anderen Chaoten in Ordnung hielt, ziemlich den Bach runter. Schon die Hauptwerke in Bayern waren gezwungen, Mitarbeiter zu entlassen, da es mittlerweile billiger geworden war, die Fernseher und Autoradios im Ausland fertigen zu lassen. Ironischerweise mussten wir, die Mitarbeiter, unsere Fertigungsstraßen abbauen, verpacken und versandfertig machen, nachdem wir einige osteuropäische Billiglohnkräfte eingearbeitet hatten, die dann in ihrer Heimat unsere Arbeit verrichten sollten. Es ist wohl überflüssig zu erwähnen, dass wir nicht gerade erfreut über diese Tatsachen waren. Unser Verhältnis zu den Osteuropäern war dementsprechend kühl.

Lange Rede, kurzer Sinn: Nach 14 Monaten war ich arbeitslos und mein bis dahin relativ sorgenfreies Leben bekam einen empfindlichen Dämpfer, weil Money makes nun mal the world go round! Ich war gezwungen, mir eine neue Beschäf-

tigung zu suchen, obwohl ich mit einer geringen Abfindung
ein halbes Jahr überbrücken konnte.

KAPITEL 16
SCHNAPPER GANG

Da Porty, der Supershouter, immer noch verschwunden war (ob er je wieder auftauchen würde blieb fraglich), wurde ich langsam nervös, was meine Bandaktivitäten anging. Eine vernünftige Band musste her!

So begab sich eine weitere schicksalhafte Wiederbegegnung, zwischen mir und einem Gitarristen, der ebenfalls eine Band suchte. Thorsten war zwar nicht der ausgemachte Hard Rocker, hatte aber zumindest halbwegs den musikalischen Plan vom Rock 'n' Roll. Außerdem war er genau der Gitarrist, der damals bei meinem Vater Gitarrenstunden genommen hatte. Für mich schloss sich also irgendwie ein Kreis. Thorsten kannte wiederum einige andere Musiker und einen Keyboarder. So stand eigentlich einer Bandneugründung nichts im Wege, allerdings konnte ich mich wieder mal mit dem Gedanken an einen Keyboarder nur schwer anfreunden. Ich wollte aber zuerst mal abwarten und schauen, ob der Tastendrücker nicht vielleicht eine nette Freundin in die Band mitbringen würde.

Parallel zur Entstehung dieser Combo musste ich mir jedoch auch einen neuen Job suchen, und so geriet ich an ein großes Möbelhaus, welches einen Fahrer bzw. Auslieferer suchte. Innerhalb zweier Wochen hatte ich den durchaus begehrten Arbeitsplatz, denn meine Mutter kannte jemanden aus dem Betriebsrat, der mich in der Personalabteilung empfehlen konnte. Zwar waren die Arbeitszeiten sehr stramm, doch immer noch besser als ohne Geld auf der Straße zu sitzen, dachte ich mir. Ich hatte somit acht Wochen nach der betriebsbedingten Kündigung in der Elektrofirma einen neuen Arbeitgeber und darüber hinaus die Abfindung, die ich ja jetzt verballern konnte. So wurden Kataloge gewälzt und zwei örtliche Musikhäuser kontaktiert, bevor ich mir mein zweites eigenes Schlagzeug kaufte. Bis zu diesem Zeitpunkt hatte ich ja nur das Newsound Set, welches ich damals von meinen Eltern geschenkt bekommen hatte. Es war von mir gepflegt worden und sah immer noch tipptopp aus. Jetzt mit meinem zweiten Set, einem Tama Swingstar, war es mir also möglich, in meiner Küche zu üben und gleichzeitig in unserem Proberaum mit der eventuell neuen Band zu proben.

Womit wir zum Thema Proberaum kommen, und der musste erst mal gefunden werden! Während es damals üblich war, in alten, dreckigen Lagerhallen oder in Abstellkellern irgendwelcher Musiker oder Kneipen zu proben, wollten wir einen Proberaum, der gepflegt, trocken und obendrein auch noch billig war. Witzigerweise fanden wir genau so einen Raum im zweiten Stock einer recht kuriosen Kneipe in einem kleinen Vorort unserer Nachbarstadt Homburg. Wenn man die kleine Kneipe in Limbach betrat, wurde man sofort von den immer gleichen Dorfbewohnern gemustert, die entweder an der Theke saßen oder im Wartezimmer eines Friseursalons, der nur durch einen Vorhang vom Kneipenbereich abgetrennt war. Es schien immer irgendwie so zu sein, dass sich die Herren im Gaststättenbereich aufhielten, die Damen hingegen im Friseursalon. Dorle, die Besitzerin, pendelte zwischen den beiden Räumen hin und her, schnitt und färbte Haare und zapfte zwischendurch die Biere für die Herren. So hatten die

Ehegatten wenigstens immer einen vernünftigen Grund, auf ihre holden Frauen zu warten oder eben selbst zu Dorle zu gehen, um sich die Haare schneiden zu lassen. Denn dann gab es (welch Glück!) immer ein Bier gratis.

Im zweiten Stock gab es einen großen Tanzsaal, der zwar für Geburtstags- oder Weihnachtsfeiern genutzt wurde, ansonsten aber leer stand. Wenn eine solche Feier geplant war, räumten wir einfach unsere Instrumente aus dem Saal in die angrenzende Wohnung Dorles, welche sich ebenfalls im zweiten Stock befand. Dorle hatte dann zwar unsere Anlage in Küche, Flur und Wohnzimmer, störte sich aber kaum daran. Sie hatte höchstwahrscheinlich ein Herz für junge, gut aussehende Rock 'n' Roll-Artisten. Die eigentliche Geschichte der Neugründung meiner Band sollte vielleicht auch noch kurz Erwähnung finden, denn sie ist in meiner Heimatstadt schon ein wenig kultbehaftet. Es war nämlich so, dass bei einer feuchtfröhlichen Geburtstagsfeier eines weiteren Freundes und ehemaligen Vis-à-Vis-Insiders urplötzlich mehreren Musikern aufgefallen war, dass ein bis dahin musikalisch unbeschriebenes Männlein eine ganz passable Stimme besaß, mit der es in angetrunkenem Zustand hervorragend Westernhagen-Songs intonieren konnte.

Kurz nach der Party wurde daraufhin einfach eine erste Probe angesetzt, und es zeigte sich, dass es sich eigentlich ganz gut anfühlte. Nicht nur dass ich wieder in einer Band am Schlagzeug saß, nein, auch mit den beiden Gitarristen Thorsten und James verstand ich mich ganz gut.

Wir probten anfangs zweimal pro Woche und hatten recht schnell ein Programm von 30 Stücken zusammengenagelt. Darunter solche Klassiker wie „Pfefferminz" und „Geiler is schon" von Westernhagen, aber auch zahlreiche Klassiker von Extrabreit oder der Spider Murphy Gang. Der Keyboarder verhielt sich vorerst recht unauffällig, was sich aber gegen Ende meines Engagements in der Combo ändern sollte.

Ein Problem tat sich jedoch recht schnell auf. Die Band brauchte einen schlagkräftigen Namen. Wie immer gab es zahlreiche idiotische Einfälle, die aber glücklicherweise wieder verworfen wurden. Wir entschieden uns dann für einen Bandnamen, der an ein in unserer Region sehr bekanntes alkoholisches Getränk angelehnt war. Den bekannten J&B Whiskey Cola Mix, genannt Schnapper. Die Schnapper Gang war somit geboren.

Mit diesem nahezu genialen Namen ausgestattet, stand dann recht schnell der erste Auftritt an, den wir in einer relativ kleinen, aber stadtbekannten Kneipe organisiert hatten. Schnulli, der Wirt, war ein alter Freund von uns, der uns gerne seinen Laden als Rock 'n' Roll-Plattform überließ. Unser erster Auftritt hatte sich in unserer Kleinstadt natürlich schon im Vorfeld blitzartig herumgesprochen, und so füllte sich die Kneipe nach und nach, bis letztlich kein Platz mehr war. Ausverkauft!

Zwanzig Minuten vor unserem Auftritt saß ein sehr aufgeregter Sänger in der Küche der Kneipe, die wir kurzerhand in unseren Backstagebereich umfunktioniert hatten. Pepe hatte noch nie zuvor auf einer Bühne gestanden und ich als alter Showhase versuchte beruhigend auf ihn einzureden. Aber alles wurde gut. Wir rockten los, und es war für mich nach Langem wieder ein halbwegs normales Gefühl, einen ordentlichen 4/4 Beat live zu performen. Die Menge tobte, und der Auftritt wurde ein Riesenerfolg.

Klar, dass es sich in einer Kleinstadt schnell herumsprach, wenn es eine neue angesagte Band gab, und dann auch noch mit solch einem obercoolen, ortsbekannten Namen. So wurden wir im Anschluss an diesen Gig von den örtlichen Tageszeitungen gefeiert und daraus ergaben sich weitere ein bis zwei Auftritte in den Folgemonaten, bei denen sich aber ganz langsam mehrere für mich negative Aspekte herauskristallisierten.

Zum einen war ich ja der vom Hardrock beseelte, der sich in dieser Deutschrock-Band dann doch nicht ganz so 100 Prozent pudelwohl fühlte. Es war zwar schön, dem Rock zu huldigen, anstatt in irgendeiner Tanzmuckercombo den Rhythmuskasper zu geben, es war aber eben nun mal keine Hardrock-Band.

Zum zweiten war da der Keyboarder, der dem Dämon Alkohol meiner Ansicht nach sehr zugetan war. Öfter kam es zu gravierenden Verspielern seitens des angetrunkenen Tastenmannes, die sich dann auch negativ auf den Ablauf einzelner Songs auswirkten. Und genau das war dann irgendwann zu viel! A Touch To Much!

Das dritte, kleinere Manko war der neue Sänger. Ein an sich superlieber Kerl, der jedoch nach und nach ein gewisses Maß an Abgehobenheit an den Tag legte. Was ich mir damit erklärte, dass er es immer war, der bei Konzerten die Massen mit Sprüchen bei Laune hielt oder anheizen musste, und somit ganz langsam zum Bandmittelpunkt avancierte, also im absoluten Rampenlicht des Livegeschehens stand. Nun könnte man behaupten, alle Drummer wären der genaue Gegenpart des Sängers und speziell ich hätte eine Art Neid entwickelt nach dem Motto: sitzt hinten, bekommt wenig Beachtung, drischt stupide seinen Rhythmus. Aber nein, das war es nie, denn an dieser Stelle sei ausdrücklich erwähnt, dass ich mit dem Posten des Drummers innerhalb einer Band mehr als zufrieden war und immer noch bin, denn ich befand mich auch schon damals auf einer Art Beobachtungsposten, dem Ausguck der Band. Von hier aus steuerte ich schon bei der Schnapper Gang beispielsweise Mitsingparts, indem ich einfach mein Spiel auf Hi-Hat und Bass Drum reduzierte, um dem Publikum zu signalisieren: „Hey, jetzt passiert etwas, jetzt kommt unser Mitmachpart!".

Eigentlich schon sehr viel früher hatte ich nämlich gelernt, dass ich nicht der Mittelpunkt einer Band bin, aber dafür das Herz, der Rhythmus. Und so zimmerte ich mir mein eigenes Motto mit dem Spruch „Die Menge tanzt auf den Beat und nicht auf das Solo oder den Gesang!". Noch heute bremst mich mein eigener Leitspruch, wenn ich mich manchmal dabei ertappe, mehr spielen zu wollen. Nein, das braucht es gar nicht! Im Rock 'n' Roll genügen 4/4. Basta!

Wie gesagt, ich mochte den Sänger damals menschlich sehr, jedoch war ich vom Bühnengehabe und einer weiteren, vielleicht für die Allgemeinheit unerheblichen, kleineren Tatsache durchaus genervt. Es war (und ist) für mich als Rockfan nämlich ein absolutes Armutszeugnis, wenn man als Rockmusiker seine Noten, die Abläufe der Lieder oder als Sänger gar die Textblätter vor sich stehen hat. Und diese dann auch noch auf einem Notenständer. Eine auf den Boden geklebte Setliste sollte durchaus genügen, eine Rockband zu steuern und anzuführen. Der Sänger ist das Aushängeschild einer Band, er muss das Rock 'n' Roll Schiff lenken und sich nicht hinter einem Notenständer verstecken. Man sollte doch seinen Kram im Kopf haben und nicht stupide Noten und Texte ablesen. Aus meiner Sicht killt dies schlichtweg die Spontanität, das Zusammen-Musik-Machen. Und schließlich kommt mir so ein Notenständer auf der Bühne einer Rockband völlig deplatziert vor.

Der letzte und für mich wichtigste Punkt, der mich nach zwei Jahren Bandzugehörigkeit so annervte, dass ich die Band verließ, war die Inaktivität meiner Mitmusiker, wenn es um Managementdinge ging. Der größte Aktivposten, der sich um Plakate, Auftritte und auch Werbung kümmerte, war bis dahin ich gewesen. Die Idee und die Umsetzung zum ersten, fast schon kultigen Plakat der Schnapper Gang mit der umgefallenen Whiskeyflasche ging übrigens auf meine Rechnung, obwohl mir hierbei ein grober Patzer unterlief. Beim Flaschen-Fotoshooting im ehemaligen Foto Meyer hatte ich leider nur eine Flasche Jack Daniels zur Hand, was natürlich auf dem Plakat nicht auf die 100 Prozent kultige Zweibrücker J&B-plus-Cola-Mischung hindeutete. Anyway, den Bandengagements rund um unser Heimatstädtchen tat diese Kleinigkeit keinen Abbruch und letztlich steht das Jack-Daniels-Logo weltweit sowieso eher im Fokus.

Ich wollte die Band damals pushen und nach vorne bringen. Als jedoch einzelne Musiker darin überhaupt keine Notwendigkeit sahen und gerade mal zum Auftritt erschienen oder sogar manchmal den Proben mit Absicht fernblieben, reichte es mir. Ich warf den Krempel hin und verabschiedete mich.

Bis dahin waren aber knappe zwei Jahre vergangen, die mir wohl erst die Augen öffnen mussten.

Der Job als Möbelausfahrer war weitaus stressiger als das lockere Leben im Lager des Elektrogroßunternehmens. Täglich Möbel laden, ausladen und in irgendwelche achten Stockwerke zu schleppen, war doch etwas anstrengender. Im Rücken immer den Vorarbeiterarsch mit der Stoppuhr, der wie die Ausgeburt der Hölle tobte, wenn man mal die vorgegebene Fahrtstrecke nicht ganz so pünktlich absolvieren konnte. Schrecklicher konnte es fast nicht sein.

Doch, es konnte! Es kam nämlich vor, das vom Kunden der Aufbau mitbestellt war, und so konnte man sich auch noch mit berechtigtermaßen überpingeligen Kundschaften herumärgern. Die Qualität der Möbel ließ nämlich oft schon ab Werk zu wünschen übrig. Und wer hatte dann den aufgebrachten Kunden zu besänftigen? Wir, die Fahrer! Da hieß es dann Ruhe bewahren, schließlich ist der Kunde König, und den durfte man um nichts in der Welt verärgern. Kam es dann doch mal vor, so hatte man wiederum Stress mit dem Vorarbeiter, der einem ordentlich die Leviten las.

Mir war klar, dass ich diesen Job nicht lange machen wollte, doch woher einen neuen Arbeitsplatz nehmen? Ich zog den Kopf also ein, fuhr den Möbellaster und streckte die Fühler nach neuen Betätigungsfeldern aus! Auftritte standen, wie gesagt, ständig an, und so schleppte man sich von Gig zu Gig, um vom öden Alltag abzulenken. Es schien mir nämlich immer wieder eine Hilfe zu sein, mich von einem Highlight zum nächsten zu hangeln, um nur den fünf Arbeitstagen zu entfliehen.

Meine Frauengeschichten ließen in diesen Tagen stark nach, denn ich war abends oft viel zu kaputt, um überhaupt nur die Vorbereitungen zu treffen. Mal abgesehen von den Einkäufen, die ja im Vorfeld zu erledigen gewesen wären. Kirk, mein dunkelhäutiger Nachbar, behielt seine regelmäßigen Frauenbesuche weiterhin bei.

Die Auftritte der Schnapper Gang waren trotz der beschriebenen Mängel lustig. Mittlerweile hatte sich ein kleiner Fanklub gebildet, der uns immer zu den Auftritten hinterher reiste. So war gute Stimmung garantiert, auch wenn das Hauspublikum mal etwas schwer zu animieren war. Unvergesslich für mich ein Doppelauftritt (Freitag und Samstag), bei dem wir erst auf einer Kerwe-Veranstaltung (zu Deutsch auf einer Kirchweihe) und dann in der hiesigen Frauenjustizvollzugsanstalt verpflichtet waren. Bei diesem zweiten Auftritt wurde uns erst ziemlich spät klar, dass die Insassen durchaus mehr wollten als gute Musik hören. Nur das Einschreiten der Ordnungskräfte verhinderte Übergriffe seitens der inhaftierten Damen. Sehr, sehr lustig – aber auch irgendwie nachdenklich stimmend!

Zu meinem alten Kumpel Dschürgen aus der Dirty Dirt Band, hatte ich während dieses musikalischen Intermezzos immer noch guten Kontakt. Wir waren während der ganzen Jahre immer wieder zusammen auf einige Dutzend Konzerte gefahren, um uns die großen des Hardrock anzusehen: Aerosmith, The Cult, Kiss, Skid Row, Judas Priest, Iron Maiden, Twisted Sister und, und, und … Und AC/DC, die wir zum damaligen Zeitpunkt mindestens schon elf-, zwölfmal gesehen hatten, da es uns schon lange nicht mehr genug war, die Youngs nur noch einmal pro Tour live zu erleben. Speziell im Falle AC/DC waren Konzerte schon damals wie eine Sucht.

Im Nachhinein betrachtet finde ich dieses exzessive Konzertfahrten auch durchaus informativ, was das Abgucken jeglicher Showelemente angeht. Schließlich betrachteten wir Konzertbesuche viel eher als Fortbildungsveranstaltungen.

Ich hatte genug vom Möbelausfahren. Ich wartete jedoch mit der Kündigung, bis ich die Zusage eine Schule hatte, die mich zum Erzieher ausbilden sollte.

Als ich damals mit Ellen zusammen gewesen war, hatte ich gesehen, dass es ein recht interessantes und breites Betätigungsfeld gab, wenn man erst mal die Erzieherausbildung vollendet hatte. Es musste ja anschließend nicht gerade der Job in einer Kinderkrippe sein, bei dem man sich mit kreischenden Kids und deren vollgekackten Windeln auseinanderzusetzen hat. Ich irrte mich jedoch gründlich, denn gerade mit den Jungrockern sollte ich später noch reichlich musikalischen Spaß haben. Umso mehr, wenn die jeweiligen Eltern ganz und gar nicht auf Hardrock abfuhren.

Ich hatte mich an einer Erzieherfachschule beworben und bekam letztendlich die Zusage, da ich ja noch keine abgeschlossene Berufsausbildung hatte. Darüber hinaus zahlte mir das Arbeitsamt eine sogenannte Umschulungspauschale, was mir finanziell absolut über die Runden helfen sollte. Dies war letztlich auch der ausschlaggebende Grund für die Schule, mich anzunehmen, denn so war man sich wohl sicher, dass da ein voll motivierter angehender Erzieher seine Ausbildung absolut ernst nehmen und auch durchziehen würde. So ging ich also eines schönen Morgens zum Vorarbeiter, verlangte meine Arbeitspapiere und machte sechs Wochen frei, bis die Berufsausbildung losgehen sollte.

Ungefähr zu dieser Zeit entschloss ich mich auch, die Schnapper Gang sausen zu lassen, denn ich hatte einfach keine Lust mehr. Mein Entschluss stand fest, ich verließ die Band, obwohl es mir für Thorsten (den Gitarrero) und James (den Basser) leid tat.

Die Jungs fanden recht schnell einen neuen Drummer und machten ihr Ding noch einige Jahre weiter, was ich auch okay fand. Allerdings konnte ich es mir kaum noch live ansehen, da mit mir (und aus meiner Sicht) ein Stück Rock 'n' Roll Beat verloren gegangen war. Aber vielleicht merkten die Jungs das auch gar nicht oder wollten sowieso ein wenig in eine andere Richtung! Spätestens bei Songs von den völlig überbewerteten Sportfreunden Stiller hätte ich ohnehin kapituliert!

Frauengeschichten gab es in dieser Zeit gar nicht! Irgendwie hatte ich durch die vielen Gigs mit den Schnapper-Jungs oder auch durch die Möbel Schlepperei keine Zeit oder auch keine Lust gehabt. Der Rock 'n' Roll schien der richtige Ausgleich für mein Sexualleben zu sein! Doch nun stand meine Ausbildung zum Erzieher vor der Tür. Ich hatte keine Band mehr und meine zukünftige Schulklasse bestand zu 95 Prozent aus Frauen. Hallelujah, wo sollte das hinführen?

Ich vergesse nie den ersten Tag an der Schule, überall Mädels. Nur äußerst wenige Kerle, und die waren auch noch zum größten Teil ökotechnisch angehaucht. Birkenstock, wohin das Auge reichte! Oh, my God!

Das Rock 'n' Roll-Raubtier wurde losgelassen auf eine Horde junger bis mittelalter Damen, mit denen ich mich nun zwei volle Jahre auseinandersetzen musste. Es wurde eine sehr schöne Zeit, in der ich einige nette Zeitgenossinnen kennenlernte, mit zum Teil sehr verschrobenen Weltansichten.

In den ersten Wochen und Monaten fühlte ich mich absolut in die vergangene Schulzeit zurückversetzt. Jede Menge Lehrer, die beweisen mussten, wie ernst die Lage war. Wir, die Schüler, hatten zu gehorchen und wussten erst mal gar nichts. Sie, die Lehrer, hatten alle pädagogischen Weisheiten mit Riesenlöffeln gefressen und auf alle Fragen die anscheinend passenden Antworten. Es gab tonnenweise Kopien, wöchentlich mehrere Klassenarbeiten und Tests. Rund um mich herum halbe Teenager, die sich völlig überfordert fühlten, denn es sollten darüber hinaus auch noch jede Menge Referate gehalten und Berichte geschrieben werden.

Außer mir gab es zumindest noch einen halbwegs vernünftigen Rock 'n' Roll-Typen in der Klasse, der genau wie ich quasi den zweiten Bildungsweg nutzte, um endlich einen Beruf zu erlernen.

Er hieß Werner und war eigentlich Handwerker. Werner äußerte während unserer gemeinsamen Schulzeit jedoch ab und zu sehr eigene pädagogische Ideen und machte sich auch sonst viele schräge Gedanken über das Leben. Dennoch ein netter Zeitgenosse, der obendrein sehr gut klassische Gitarre spielen konnte. Zum Abschlussabend an der Schule arrangierten wir beide vor versammelter Lehrer- und Schülerschaft ein kleines musikalisches Gastspiel, bei dem zumindest die beiden ehrwürdigen Schwestern der katholischen Erzieherschule den Saal verließen. Unser Vortrag war ihnen viel zu laut! Völliger Quatsch übrigens!

An dieser Stelle sei jedoch gesagt, dass es auch absolut liebenswürdige Lehrer an der Schule gab, die ich durchaus als Freidenker bezeichnen würde. Allen voran ein Lehrerehepaar, welches sich erst nach Jahren im Pädagogenberuf dazu entschloss, auch noch das Lehreramt anzuhängen. Die beiden wissen mit Sicherheit ganz genau, dass sie gemeint sind, sollten sie diese Zeilen jemals lesen.

Es standen also jede Menge Klassenarbeiten und Berichte an. Dies fiel mir jedoch alles erstaunlich leicht. So hatte ich nur wenige Probleme an der Schule und darüber hinaus wieder viel Zeit zum Schlagzeugspielen.

Jedoch keine Band mehr …

KAPITEL 17
THIS ONE IS FOR YOUR CITY,
THIS IS CALLED ...

Als AC/DC im englischen Castle Donington ihr Live-Album aufnahmen, ahnte unsere gesamte westpfälzische Heimatidylle logischerweise noch nicht, was da in Zukunft an Rock 'n' Roll-Gewitter auf sie zukommen würde. Es war quasi die Initialzündung für ein großes Projekt, im kleinen Hirn des angehenden Rockstars.

Ungefähr fünf Minuten nachdem die ersten Töne dieser damals brandneuen Live-CD an mein Ohr gedrungen waren, kam es zu **dem** entscheidenden Telefonanruf, der das Leben zweier Freunde nachhaltig verändern sollte. Wir waren uns beide, unabhängig voneinander im Klaren darüber, dass AC/DC hier etwas Großes geschaffen hatten.

Einwurf: Natürlich kam dieses Liveereignis nicht an die in Glasgow aufgezeichnete „If You Want Blood (You've Got It)"-Live-Langspielplatte selbiger Combo, die ich bis dahin hundertfach gehört hatte, heran, aber AC/DC zeigten, dass sie es immer noch mehr als drauf hatten.

Gleich den Jüngern Christi, die ihrem Messias folgten, war es nun an der Zeit, ein Zeichen zu setzen, um fortan einer Band zu huldigen, die es seit Langem mehr als verdient hatte, zu den Königen, den Kaisern, den Päpsten, den Gottheiten des harten Rock 'n' Roll ernannt zu werden.

Vier Buchstaben und ein Blitz. Nicht mehr und nicht weniger!
AC/DC.

Fünf Musiker, die es wie niemand anderes auch heute noch verstehen, eine Art Musik zu zelebrieren, die Massen zu bewegen und dennoch nur Spaß zu verbreiten. Keine politischen Aussagen, keine Aufforderung zur Gewalt – aber die Energie, Berge zu versetzen.

Ich nahm also das Telefon, wählte die Nummer meines alten Dirty Dirt Weggefährten Dschürgen und stellte ihm fast schon erpresserisch die eine Frage, auf die es keine Verneinung geben konnte. Eigentlich war es gar keine Frage, mehr die Bitte, das Flehen, ein Aufbäumen gegen jegliche vom Radio und Fernsehen verseuchte Musiklandschaft, eine verspätete Ohrfeige in Richtung Frank Laufenberg: „Lass uns eine AC/DC-Tribute-Band gründen!"

Dschürgen zögerte nur sehr kurz, vielleicht nur, um sich den nun folgenden Satz aus seinen ebenfalls vom Rock 'n' Roll verseuchten Gehirnwindungen zu kratzen: „Auf diesen Anruf warte ich seit Jahren!"

Seine Antwort machte uns zu Brüdern für alle Ewigkeit, westpfälzische Brothers auf dem Kreuzzug des Rock. Zwei Ertrinkende im Popstrudel, die Rächer des heiligen Rockpalastes im WDR, mit der ultimativen Geheimwaffe – Rock 'n' Roll.

Das mag alles schwülstig klingen, mein Gefühl sagte mir aber, dass es genau diese Musik war, die ich bis an mein Lebensende spielen wollte. Mit diesem Telefonat ging in meinem kleinen, ruhigen Leben ein zugegebenermaßen helles Licht an. Noch bevor ein Ton gespielt wurde, wusste ich, dass etwas Unzerstörbares entstehen würde. Der Managementmotor fing augenblicklich an, auf Hochtouren zu laufen, und vor meinem geistigen Auge sah ich Auftritte rund um den Erdball: Madison Square Garden, Hammersmith Odeon, Festhalle Frankfurt … Genau wie Bon Scott einstmals getextet hatte: „I can see my name in lights …"

Zugegeben, mit solchen Träumen wird man gerne als Spinner abgetan, wenn man sie öffentlich bekannt gibt. Doch da Zurückhaltung ein mir unbekanntes Wort war, posaunte ich all meine Träume heraus, ohne dass wir überhaupt über andere Musiker in unserer Supercombo nachgedacht hatten.

So erntete ich in den nun folgenden Wochen jede Menge lächelnde Gesichter, von Menschen die mir nicht so ganz zu glauben schienen. Komisch!

Der eine oder andere Freund versuchte mich zwar mit gut gemeinten Ratschlägen auf den Boden der Tatsachen zurückzuholen und schlug mir auch vor, doch erst einmal geeignete Musiker zu finden. Was im Laufe der nun folgenden Bandgeschichte zugegebenermaßen ein großes Problem werden sollte, denn Musiker sind eben nicht gleich Musiker.

Doch bis ich Jahre später diese essenzielle Erkenntnis hatte, hatten wir bereits einige Dilettanten, popverseuchte Möchtegernprovinzsupersänger und Zuverlässigkeitsabstinenzler oder solche Leute, die sich anderweitig viel zu wichtig nahmen, verschlissen.

Bei unserem ersten Treff bezüglich der Zusammenstellung der Band legten Dschürgen und ich alle Karten auf den Tisch. Wir waren gewillt, die Weltherrschaft des Rock 'n' Roll zu übernehmen. Notfalls mit Waffengewalt! Es sollte ein ganz großes Ding werden, das wir da an den Start bringen wollten.

Keine gewöhnliche Top-40-Cover-Band, wie es sie schon zu Millionen auf unserem Planeten gab. Nein, wir wollten etwas Besonderes erschaffen. Etwas, von dem man auch in 100 Jahren noch sprechen würde. Eine Band mit einer Mission. Nämlich der, die geniale Musik der Young Brothers über deren Leben hinaus am Leben zu erhalten.

Bon Scott war zwar gestorben, aber nicht umsonst! Wir würden sein Lebenswerk fortsetzen und malten uns daher auch später noch viele Male aus, wie er im Rock 'n' Roll-Himmel mit zwei, drei wohlproportionierten Blondinen auf einer Wolke saß und uns wohlwollend zuschaute, den Daumen nach oben hielt, mit dem Fuß wippte und zustimmend nickte. Wir waren uns sicher, er, der Meister, würde unser Tun würdigen! Aber es gab noch viele weitere Gründe, uns auf den heiligen Weg des Rock zu begeben. Denn tief im Herzen hatte ich (und ganz unabhängig von mir auch Dschürgen) bei jedem bis dahin besuchten Konzert eine Kraft gespürt, wie sie nur die Musik freisetzen kann. Das Gefühl, auf einer endlosen Straße zu fahren und einem höheren Ziel entgegen zu steuern. Angetrieben durch den kraftvollen, hämmernden Beat der Drums. Untermalt durch die verzerrten Gitarrenriffs und den grellen Gesang eines bis dahin noch immer verschollenen Sängers. Die Band sollte unser Vehikel werden, uns von den Restpappnasen dieses kleinen, spießigen Provinzkaffs abheben. Mein ganz persönliches Rock 'n' Roll Playmobil.

Nie wollten wir uns verbiegen, nur um hitparadenverseuchten Veranstaltern den Bühnenkasper zu geben. Nur ausgesuchte Auftritte sollten es sein. Wenn wir damals gewusst hätten, dass uns für gutes Geld auch die eine oder andere Diskothek buchen sollte und wir auch dort auftreten würden, wir hätten uns wohl sehr darüber amüsiert oder uns zumindest gegenseitig mit einem üblen Fluch belegt. Andererseits sollten uns gerade diese Ausflüge in die großen und kleinen Dorfdiscos dieser Welt als Freunde und als Bandleader sehr zusammenschweißen und uns das Gefühl geben, als wären wir die Missionare des Rock. Die Prediger der unverrückbaren und einzigen musikalischen Wahrheit. Diejenigen, die auch im hintersten Zipfel Deutschlands die frohe Kunde des Rock begriffen hatten und verbreiten würden. Mal ganz abgesehen von den Discohupfdohlen, die durchaus auch recht ansehnlich waren und uns oftmals ziemlich schnell in ihr Herz schlossen. Manchmal auch mehr …

Doch wir standen erst ganz am Anfang unserer bereits im Geiste vordefinierten Laufbahn. Zuerst, und das war uns auch durchaus schnell klar, brauchten wir einen ausdrucksstarken Sänger mit Charisma, einen Bassisten und einen Leadgitarristen.

Am besten sollten diese drei Posten von Jungs besetzt werden, die genau wie wir in Kindheitstagen in das Fass mit dem Rock 'n' Roll gefallen waren. Doch eben das war schon das erste große Problem, denn es gab zwar massenhaft Musiker in unserer Region, die jedoch in gänzlich andere musikalische Richtungen wollten.

Also sahen wir uns gezwungen, die berühmten Inserate in den einschlägig bekannten Musikmagazinen der Region aufzugeben. Im Feedback-Magazin zum Beispiel, einer damals westpfälzischen Institution in Sachen Livemusik, gab es extra eine komplette Seite für Kleinanzeigen. Rock 'n' Roller suchen Rock 'n' Roller zum Rock 'n' Rollen oder so ähnlich! Es meldeten sich allerhand Menschen, die jedoch erst am Telefon und dann bei einigen Gesprächen aussortiert werden mussten. Man kann sich kaum vorstellen, was sich für jämmerliche Gestalten auf unsere Anzeige hin meldeten.

Angefangen vom sandalentragenden Büroangestellten, der mal eben so ganz nebenbei die Rockwelt neu erfinden und revolutionieren wollte. Prima! Dann gab es den Ökotyp, der mit einer Akustikklampfe bewaffnet gerade mal die Anfangsakkorde von „Smoke On The Water" hinbekam. Unfassbar!

Mindestens zehn (immerhin) langhaarige LA-Poser-Typen, die jedoch auf ihren Instrumenten so schlecht waren, dass man sich genau vorstellen konnte, wie sie vor dem heimischen Spiegel in ihren Spandexhosen den David Lee Roth mimten, das eigentliche Gitarrespielen dabei aber ziemlich zu kurz gekommen war.

Die allerabgefahrenste Performance gab aber ein Typ, der sehr wohl im klassischen Bon Scott Outfit (abgeschnittene Jeansjacke) ankam, jedoch so grottenschlecht sang und trotz unserer durchaus diplomatischen Art, ihm den Laufpass zu geben, noch dreimal anrief, um nachzubohren, ob er den vakanten Posten nun bekommen könne.

Kurz gesagt, es war zum Verzweifeln. So standen wir da, mit Rhythmusgitarre und Drums bewaffnet und dem festen Willen, demnächst die Bühnen dieser Welt zu beackern. Doch es gab keine echten Rocker um uns herum.

Um noch mal klarzustellen, worum es uns beiden ging: Rock 'n' Roll fühlt man. Es ist nicht irgendeine Art Musik. Es ist die Musik! Ich kann verstehen, wenn andere Musiker unsere Gefühle nicht teilen. Genau so wenig wie ich mein Herz für maschinell gefertigte Popprodukte erwärmen kann. Aber handmade ist nun mal handmade.

Wir waren nicht gewillt, irgendeinen Kompromiss einzugehen. Keine Keyboards, keine Poprock-Allerweltshymnen à la Europes „Final Countdown", keine anderen Götter neben AC/DC. Wir wollten unser Ding durchziehen! Maximale Nulltoleranz! Okay, Rose Tattoo, Krokus oder auch Rhinobucket hätten wir notfalls als Götter auch noch gelten lassen. Tja, und wer hätte damals gedacht, dass wir zu einigen dieser Bands geradezu kameradschaftliche Kontakte aufbauen sollten.

Aber ohne Musiker gab es keine Band, und so entschlossen wir uns nach weiteren Gesprächen dazu, unseren Plan etwas abzuändern. Warum eigentlich erst die Musiker und dann den Auftritt? Wir drehten den Spieß ganz einfach um.

Da wir mit den Betreiberinnen einer Rockspelunke gut befreundet waren, sprachen wir einfach dort unverbindlich vor, ob wir unseren Rock 'n' Roll-Blitzkrieg nicht in ihrem kleinen Liveclub beginnen könnten. Die Frage sorgte natürlich für Verwunderung, denn wir verlangten ziemlich gleich, und um uns selbst ein wenig Druck zu machen, nach einem Termin, obwohl ganz klar war, dass es die Band eigentlich noch gar nicht gab. Wir wollten schlichtweg unseren ersten Gig organisiert wissen, um dann bei unseren Freunden und Bekannten damit hausieren gehen zu können. Und so kam es noch an diesem Abend dazu, dass wir unseren ersten Auftritt im Rock Café Neunkirchen klarmachten.

Neunkirchen/Saar war zu dieser Zeit gewissermaßen die heimliche Rock-Hauptstadt der Region. Es gab unzählige

Kneipen, Bands und Musiker. Wo sollten wir also besser unsere Rock 'n' Roll-Niederkunft feiern als im dortigen Rock Café? Welches, wie gesagt, auch noch von zwei ehemaligen Freundinnen von Dschürgen geführt wurde. In dem Laden spielten ohnehin regelmäßig Livebands, und so stand dem ersten Einschlag des Rock 'n' Roll-Kometen fast nichts mehr im Wege. Neunkirchen ward ab sofort unser zukünftiges Bethlehem.

Derweil lief es mit den Pädagogikhühnern recht gut. Klassenarbeiten und Referate absolvierte ich weiterhin erfolgreich. Darüber hinaus gab es viel zu lachen. Speziell über die zum Teil pubertären Ansichten einiger Mitschülerinnen zum Thema Lebensgestaltung.

Während sich die meisten ein späteres Leben im Kindergarten oder im Heim recht gut vorstellen konnten, hielten es andere erst mal für viel wichtiger, dem nächsten Weekend entgegenzufiebern, um vielleicht die eine oder andere männliche Sahneschnitte abzubekommen. Immer montags lauschte ich dann voller Vorfreude den Weltklassegesprächen über neue Bekanntschaften und Aktionen des vergangenen Wochenendes: „Oh Mann, ich habe so einen netten Typie kennengelernt. Der ist sooo knuffig!" Oder: „Kennt ihr die und die Disco in Trier, da gibt es massenhaft männliches Frischfleisch!" Mein Gott, Frauen können so anstrengend sein!

Doch während meine Mitschülerinnen sich mit derart lebenswichtigen Dingen auseinandersetzten, war in mir der Rocker wiedererwacht. Meine Lebensgestaltung nahm durch den bald anstehenden Auftritt wieder konkrete Formen an. Es war mir jedoch auch ziemlich klar, dass es bei meiner nun wieder aufstrebenden Musikerkarriere sicherlich bald massenhaft weibliche Anhänger und Groupies geben würde, und somit vielleicht auch ein diesbezüglich ernstes Engagement.

Unser Plan ging voll auf. Wir hatten Rock 'n' Roll im Herzen, einen Gig an der Hand, eine geniale Idee, und auf einmal fügte sich wie von Geisterhand ein Stein zum anderen. Befreundete Musiker hatten wohl von unserem Projekt gehört und erklärten sich bereit, erst mal mitzuproben, um zu sehen, wie sich der AC/DC-Schuh so anfühlen würde. Einen Monat nach unserer Ankündigung, das Rock Café zu rocken, stand die erste Besetzung meines/unseres Rock 'n' Roll-Fortbewegungsmittels.

Doch bevor am Programm gearbeitet wurde, hatten sich die beiden musikalischen Köpfe bereits wochenlang mit einem weiteren Problem auseinandergesetzt. Die Band brauchte dringend einen Namen. Ein Synonym für unser zukünftiges Leben musste her. Ein Name, der uns beiden gut gefiel und gleichzeitig zum Ausdruck bringen sollte, dass diese Band etwas anderes sein würde, als eine reine Tribute-Band. Logischerweise musste er auch auf irgendeine ideologische Art mit unseren Idolen in Verbindung gebracht werden. Ein simpler, kurzer Name mit exorbitanter Bedeutung. Und dann passierte Folgendes: Ich lag auf meinem Bett, hörte ein Live-Bootleg von AC/DC und Brian Johnson sprach folgenden Satz: „This one is for your city, this is called Sin City." Der Blitz schlug augenblicklich ein. Brian hatte für mich zum Ausdruck gebracht, was ich die ganze Zeit gesucht hatte. Unsere Stadt sollte verdorben werden, verdorben durch Rock 'n' Roll! Ich wollte einer der musikalischen Botschafter sein. Die Stadt der Sünde, die sündige Stadt: Sin City.

KAPITEL 18

LIVE WIRE

AC/DC hatten auf ihren ersten Touren stets ihr Programm mit dem Klassiker „Live Wire" eröffnet. Es war einer der ersten Bon-Scott-Songs mit einer sehr schönen Botschaft. Die Musik als Lebensader, die Musik als Grund zum Weitermachen. Die Starkstromleitung in allen positiv denkenden Menschen. Wer je die Liveaufnahme der Atlantic-Studio-Records-Scheibe gehört hat, weiß, wovon ich spreche. Energie pur! „Live Wire" sollte der Song werden, den wir zum ersten Mal als Band anstimmen wollten.

Noch Jahre später war es eine Art Running Gag zwischen mir und Patrik (unserem späteren Basser), wenn ich zu den Anfangstönen von „Live Wire" etwas Unverständliches in mein Backingmikro brabbelte, genauso wie es Bon Scott zu Beginn der oben genannten Aufnahme tat, weil der Techniker wohl vergessen hatte den Mikrofonkanalregler hochzuziehen. Hunderte Male schenkten wir uns dabei ein breites Grinsen, als Zeichen der AC/DC-mäßigen Verbundenheit.

Doch diese Verbundenheit gab es bei unserer ersten Sin City - Besetzung noch gar nicht. Einige der Musiker, die bei unserem Projekt mitmachten, kamen aus ganz anderen musikalischen Ecken und waren dementsprechend noch nicht von unserem Virus infiziert. Sie spielten die zirka 20 Songs unserer ersten Set-Liste zwar ganz passabel, waren aber vom Original weit entfernt. Würden sie je begreifen, worum es uns ging?

Um nicht überheblich zu erscheinen, sei an dieser Stelle erwähnt, dass auch wir damals noch nicht nah am Original waren und dass es auch später nie 100 Prozent wie AC/DC klang.

Musik hat letztendlich mit Gefühlen zu tun, und ich war und bin nun mal nicht Phil Rudd, fühlte und dachte deshalb auch nie wie er. Was im Übrigen ebenso für alle anderen Musiker galt, die mit uns die Bühnen Deutschlands teilten. Es hatte für mich damals jedoch irgendwie den Anschein, als wäre es für einige der Männer nichts Besonderes, einen Song wie beispielsweise „Night Prowler" zu spielen. Während Dschürgen und ich stolz darauf waren, einen von AC/DC nie live gespielten Song zu präsentieren. Es freute uns tief im Herzen, das Erbe Bon Scotts weiterführen zu können. Genauso verhielt es sich im Übrigen auch mit anderen Dingen, die wir sehr ernst nahmen und die den anderen nicht wirklich wichtig erschienen. So wollten wir von Anfang an Spezialeffekte wie Pyrotechnik, Kanonen und die weltbekannte „Hells Bells"-Glocke haben, was den Mitmusikern aber relativ egal war.

Wir kümmerten uns also neben den Songs auch um Showeffekte, während die anderen gerade mal ihre Parts heraushörten. Um es vorweg zu nehmen, genau aus solchen Gründen scheiterte dann im weiteren Verlauf der Bandgeschichte immer wieder die Zusammenarbeit mit einigen Musikern, die wohl nur scharf darauf waren, auf der Bühne zu stehen, aber sonst eben nicht bereit waren, über das gemeinsame Proben hinaus Dinge zu organisieren.

Rock 'n' Roll besteht nun mal nicht nur aus Musikmachen. Wer klebt Plakate und wer entwirft diese überhaupt? Wer besorgt und organisiert die Auftritte, wer packt die Anlage in den Bus? Welcher Bus überhaupt? Wo führt uns die Musik hin, wann ist Soundcheck? All diese Fragen schien es für die anderen fast nie zu geben. Für uns zwei Infizierte gab es aber trotz vermehrter Arbeit nun kein Zurück mehr. Wir hatten unser Ziel, und wir gingen unseren Weg.

Sin City probten zu dieser Zeit in einem Kellerraum in einer Schule im Nachbarort Rimschweiler. Hier störten wir niemand, und es wurde oft spät, obwohl wir alle berufstätig waren. Immer wieder trieben wir die anderen an, um unserem Ziel, dem perfekten ersten Auftritt näher zu kommen. Und er kam näher – mit großen Schritten.

Die ersten Plakate wurden entworfen. Sie waren schwarz und unser Bandname, in dem die beiden i zu Blitzen umgewandelt waren, prangte darauf in roter Schrift. So konnte jeder gleich unsere Message sehen. Denn wie ein Blitz wollten wir schließlich einschlagen. Das Rock Café würde anschließend in Schutt und Asche liegen. Schade für die beiden Geschäftsinhaberinnen!

Dschürgen und ich machten uns also auf, den gesamten Umkreis zu plakatieren. Ich weiß nicht mehr, wie viele Plakate wir damals aufgehängt haben, allerdings dauerte es keine drei Wochen, bis wir eine Anzeige bekamen, da ich persönlich sechs Plakate an die Hauswand gegenüber unserem ehemaligen Hauptpostamt gekleistert hatte. Hey, die Wand war frei und sah unheimlich einladend aus.

Doch egal, von solchem Vorgeplänkel wollten wir uns doch nicht aufhalten lassen. Wir entrichteten die paar Kröten an die Betreiberinnen des Rock Cafés, an die der Mahnbescheid gegangen war, und freuten uns über unsere ansonsten gelungene Plakataktion. Jetzt war die Pressearbeit dran, denn uns war schon lange bewusst, dass die Band noch so gut sein konnte, wenn niemand davon im Vorfeld erfahren würde. Getreu dem Motto: Klappern gehört zum Handwerk.

Also zimmerten wir einen Pressetext zusammen, der vor Überheblichkeit nur so strotzte. Allerdings spielten wir so gekonnt mit den üblichen Rockklischees, dass auch dem letzten pfälzisch-saarländischen Hinterwäldler klar sein musste, dass an dem Pressebericht nur die Hälfte wahr sein konnte.

Wir ließen verlauten, dass wir die größte und fetteste PA-Anlage auffahren und uns in den offiziellen Lautstärkewettbewerb mit Motörhead begeben würden. Außerdem prahlten wir mit Stripperinnen (die wir Jahre später ein-, zweimal aufboten), Feuerspuckern und ähnlichen zirzensischen Attraktionen. Jedem regelmäßigen Besucher des Rock Cafés musste schon im Vorfeld klar gewesen sein, dass wir, gelinde gesagt, etwas übertrieben hatten. Egal, klappern gehörte nun mal auch zum Rock 'n' Roll-Handwerk, und so ging es munter weiter. Wir schalteten zwei Werbespots bei einem hiesigen Radiosender, der zwar etwas Geld verschlang, uns jedoch von den anderen aktuellen Bands abhob. Man bedenke, es war unser erster Auftritt, und in Zeiten vor Facebook und anderen sozialen Netzwerken musste man 1993 die Leute einfach noch ganz anders abholen.

Der Spot kündigte ähnlich den Presseberichten eine Sensation biblischen Ausmaßes an. Sin City sollten mit einem Schlag auf der pfälzisch/saarländischen Rock 'n' Roll-Landkarte auftauchen, um den ganzen üblichen Top-40-Bands zu zeigen, dass ab nun eine neue Zeitrechnung anfangen würde.

Die Werbemaschine, die nun gnadenlos angelaufen war, machte sogar vor meinem Ausbildungsplatz keinen Halt.

Denn auch an meiner Schule hängte ich Plakate auf und missbrauchte den schulinternen Kopierer, um die von uns angefertigten Flyer hundertfach zu vervielfältigen. Diese hängte ich zum Teil an die zahlreichen Pkws der Mitschülerinnen, die ja durchaus auch eingeladen waren. Es konnte schließlich nicht schlecht sein, auch an der Schule einen gewissen Ruhm zu erlangen.

Doch es gab ganz andere Sorgen an der Erzieherfachschule, denn die Zwischenprüfungen standen kurz bevor, und so stieg der Adrenalinspiegel bei den Girls. Jede/r hatte Angst, diese wichtige Hürde nicht zu schaffen, und dann nicht für das praktische Anerkennungsjahr zugelassen zu werden. Einen Platz hierfür musste sich jeder bereits in den Wochen davor suchen, um dann (nach bestandener Prüfung) ein ganzes Jahr in einer sozialen Kinder- oder Jugendeinrichtung zu arbeiten.

Den Platz für dieses folgende Jahr hatte ich recht schnell gefunden, denn ich kannte eine Mitarbeiterin im Jugendzentrum unserer Nachbarstadt, in dem ich im sogenannten offenen Kinder- und Jugendbereich anfangen konnte. Der Bewerbung wurde recht schnell entsprochen, da ich vom Arbeitsamt durch meine Umschulungspauschale weiterhin finanziert wurde. Somit hatte die Stadt keinerlei Ausgaben für den Rock 'n' Roll-Legionär und dieser wiederum keine Existenzängste über das nächste Jahr hinaus. Doch bevor es zur Zwischenprüfung und zum Anerkennungsjahr kam, sollte der erste Einschlag des Sin City-Kometen erfolgen.

Wir hatten ausgiebig geprobt, plakatiert, die Presse benachrichtigt und natürlich eingeladen. Freunde, Verwandte, Bekannte hatten uns zugesagt. Wir waren uns sicher, dass das Rock Café aus allen Nähten platzen würde. Die Generalprobe war zufriedenstellend verlaufen, es konnte losgehen!

Auch Sandra und Sabine, die Betreiberinnen der Rockkneipe, hatten im Vorfeld jede Menge Leute über unsere Band aufklären müssen, da man sich nicht im Entferntesten vorstellen konnte, was an Sin City so besonders sein würde. Einige Musiker waren ziemlich neugierig, wer oder was hinter dieser Mega-Werbekampagne steckte. Schließlich war Neunkirchen auf der Rocklandkarte kein unbeschriebenes Blatt. Unzählige Musiker wollten es einer Band nachmachen, die es fast geschafft hätte, aus dem Mief dieser Stadt, dem ehemaligen Kohlehütten-Standort Neunkirchen, musikalisch zu entfliehen.

Lancelot hatten 1983 mit ihrer Single „But I Just Can't Stay Behind" einen kleinen Hit und waren meines Wissens kurz mit Queen auf Tour gewesen. Die Musiker zehrten noch Jahre später von dem kleinen Stückchen Berühmtheit, welches sie ergattert hatten. Viele Musiker schauten auf zu den Jungs, die aber damals wieder in lokalen Rockbands spielten. Ruhm kommt – Ruhm geht!

Als nun diese geballte Welle an Sin City-Werbewahnsinn auf Neunkirchen niederprasselte, ward offensichtlich die Neugier der gesamten saarländischen Musikerpolizei geweckt, denn am Abend des Triumphes stand die Musikerpolizeigewerkschaft komplett angetreten Gewehr bei Fuß.

Doch bevor wir die Bühne erkletterten, hatten wir uns als Vorprogramm einen netten Freund eingeladen, der die Stimmung im Publikum anheizen sollte. Fritz „Angus" Bremm, ein AC/DC Verrückter, wie er uns gerade noch gefehlt hatte.

Fritz arbeitete damals als Hausmeister in irgendeinem Altenheim in Regensburg. Wenn es galt, Überstunden zu schieben, war das für ihn überhaupt kein Problem. Sonntags- oder Feiertagsarbeit – für Fritz selbstverständlich. Wenn allerdings eine AC/DC-Tour geplant wurde, bedeutete dies für Fritz den Ausnahmezustand! Genau in einer solchen Phase, nämlich während der laufenden 91er „Razors Edge" World Tour von AC/DC, lernten wir uns kennen. Wie üblich trafen sich immer einige Die-Hard-Fans nach einer AC/DC-Show – Achtung Geheimtipp! – am Mischpult, um noch ein bisschen zu plaudern oder um backstage eventuell noch ein Bier trinken zu können. Dschürgen, unser späterer Roadie Gerhard, ich und Fritz kamen ins Gespräch, und wir merkten gleich, dass man auf der gleichen Wellenlänge funkte. Fritz erzählte uns von seiner Solo Angus Show, mit der er landauf und landab durch Diskotheken und Klubs zog, um der Musik und der Show unserer Idole zu huldigen. Von dieser Idee total begeistert, luden wir Fritz kurzerhand ein, um unsere Sin City-Show zu eröffnen.

Der 19. Februar 1993 sollte der Geburtstag unserer Band werden. Genau 13 Jahre zuvor war Bon Scott gestorben, und wir setzten ihm hier und heute nachträglich ein Denkmal.
21 Uhr. Das Licht des Rock Café erlosch und aus zirka 140 Kehlen erklang ein Johlen, als die ersten Töne von „Thunderstruck" durch die Hausanlage erklangen. Der Laden war brechend voll. Theo, der Haus- und Hoffotograf des Rock Café hatte die Kamera im Anschlag und hielt aus jeder erdenklichen Position voll drauf.

Fritz „Angus" Bremm betrat die Bühne in voller Angus-Young-Montur: Schuluniform, Kappe und eine original Gibson SG. Wie von einer Hornisse gestochen rockte Fritz das Haus und kam erst wieder nach der damals obligaten Strip-Einlage zu „Jailbreak" zur Ruhe. Nass geschwitzt kam er nach 20 Minuten zu uns in den Backstageraum, mit einem breiten Grinsen im Gesicht. Er war glücklich, seine Mission erfüllt zu haben.

Das Publikum war begeistert, denn Fritz hatte es geschafft, Angus Young 100 Prozent zu imitieren und somit unserem Auftritt den genialsten Anfangspunkt überhaupt zu schenken.

Derweil hatten wir uns in unsere Bühnenoutfits gequält. Wir wollten nicht nur akustisch, sondern auch optisch überzeugen. Jeder von uns trug die schrillsten Klamotten, die er im Kleiderschrank seiner Verwandten oder Bekannten gefunden hatte. Sechzigerjahrehemden, Stiefel, Schlaghosen, Stirnbänder, dazu toupierte Haare, Schminke. Wir sahen sensationell aus. Vielleicht auch lächerlich! Das einzig Normale an mir waren meine Converse Chucks, die ich bis heute in wechselnden Modellen trage und die für mich nach wie vor der Rock 'n' Roll Wondershoe Number one sind. Noch heute sehe ich mir gerne die Bilder von damals an und freue mich über so viel Bekloppheit. Nie wollten wir die üblichen LA-Poser-Spandex-Klamotten, der ach so angesagten regionalen Bands tragen. Lieber schrill und superscheiße als zu normal! Wir hatten damit die Lacher schon mal auf unserer Seite, aber das Lachen sollte ihnen gleich vergehen.

Theo verknipste derweil allein in der Garderobe einen kompletten Film, denn es waren ja noch die alten Zeiten, sprich die vordigitalen!

Zum Outfit hatte ich mir übrigens einen ziemlich großen, buschigen Backenbart wachsen lassen. Ich wäre in den Siebzigern wohl ein guter Zuhälter geworden.

Der Zeiger wanderte Richtung 21.30 Uhr.

KAPITEL 19
SHOWTIME

Das Licht im Rock Café erlosch erneut. Nebel strömte auf die Bühne und Eddi, unser Sänger, kündigte mit verstellter Stimme durch ein Funkmikrofon unser Kommen an: „Ladies and gentlemen, this one is for your city. This is called Sin City".

James betrat die Bühne als Erster und begann mit „Live Wire". Nach meinem Ausstieg bei der Schnapper Gang war ich mit ihm in Kontakt geblieben und er war der Einzige, der uns nach unserer Verkündigung ziemlich gleich zugesagt hatte und den Bass übernehmen wollte. Ich kletterte als Zweiter auf die Bühne und hinter mein Drum. Rhythmisch ließ ich die Hi-Hat zuschnappen. Die Leute wippten bereits mit, denn sie wussten, was kommen würde. Nun kam der Rest der Band. Meggie an der Leadgitarre, Dschürgen an der Rhythmusklampfe und Eddi, unser erster Sänger.

Es war der bis dahin glücklichste Moment in meinem Leben. Wir hatten eine Band an den Start gebracht, die die Musik unserer Helden spielte. Dschürgen strahlte übers ganze Gesicht, denn die Anwesenden tobten, klatschten und sangen mit. Speziell beim langsamen Blues „The Jack" gab es kein Halten mehr. Uns schien es so, als hätte der Mob vor der Bühne nur darauf gewartet, uns in punkto Lautstärke zu überbieten. Das Dach des Rock Café hob fast ab. Eddi hatte die Menge im Griff, und uns wurde klar, dass er in seiner Rolle als Sin City-Frontmann total aufging. Noch Jahre später bewunderte ich ihn dafür, wie er manchmal mit dem Publikum umzugehen vermochte. Auch in seiner Band nach uns, in der er dann (leider!) wieder Top-40-Songs spielte. Was für eine Verschwendung!

Kurzum, der erste Auftritt wurde ein voller Erfolg und noch am selben Abend engagierte man uns für einen weiteren Auftritt im Rock Café sowie einige Tage später für das Zweibrücker Stadtfest, da sich unser Supergig herumgesprochen hatte. Ich wusste, dass die Musik von Angus Young mich ab nun durch mein ganzes Leben weiter begleiten würde und es genau diese Musik war, die ich immer und immer wieder live spielen wollte. Kein Coverprogramm mit unzähligen verschiedenen Songs diverser Bands. Nein, AC/DC und Angus Young gaben mir von nun an meinen Lebenssoundtrack vor. Sinnbildlich gesprochen war es der 19.Februar 1993, an dem Angus Young mein Leben rettete.

Neben dem großartigen Auftritt, den wir soeben absolviert hatten, und den zwei nächsten Konzertangeboten, die wir umgehend erhielten, wurde ich jedoch auch beinahe für ein anderes Engagement verpflichtet beziehungsweise verpflichtete ich mich fast selbst. Sie hieß Alexandra, war 26, brünett und trug blaue, enge, ausgewaschene Jeans. Sie hatte mir schon während des Gigs mehrfach zugelächelt und fiel genau in mein Beuteschema. Ich war also während meines Auftritts wieder einer Dame aufgefallen! Offensichtlich, so bildete ich mir ein, umgab mich bei wichtigen Auftritten eine gewisse Aura. Wir tranken nach unserer Premiere noch ein kleines Bier zusammen und plauderten ein wenig, ehe ich mit meinen Bandkollegen die Anlage abbauen musste, während sich das Rock Café zu meinem Ärgernis leider sehr schnell leerte. Und sie? Sie war verschwunden und ich Idiot hatte nicht einmal ihre Telefonnummer aufgeschrieben. Shit!

Als wir gegen halb drei Uhr und nach reichlich gegenseitigen Glückwünschen zum gelungenen Rock 'n' Roll-Einstand den Nachhauseweg antreten wollten, hielt vor dem Ort des Geschehens ein weißer VW Golf, der von Alex gelenkt wurde. Exaktes Timing! Oder hatte sie etwa Runde um Runde gedreht, um mich abzupassen? Egal! Dschürgen und der Rest schenkten mir zum Abschied ein augenzwinkerndes Lächeln, während ich in ihr Auto einstieg, um den Abend als true Rockstar zu beenden. So konnte es durchaus weitergehen!

In ihrer Wohnung angekommen, empfing mich erst mal ein an Hässlichkeit kaum zu überbietender Hund. Alex hatte einen kleinen, aufdringlichen, unablässig hechelnden, hellbraunen Mops, der auf den Namen Filou hörte. Was sollte ich nun davon halten? Während unseres Gesprächs in ihrem geräumigen Wohnzimmer, thronte das Vieh völlig übertrieben hechelnd auf dem gegenüberliegenden Sofa, um mich ausgiebig zu mustern. Wie er so da saß, fragte ich mich, ob Möpse wirklich spezielle Züchtungen des französischen Hochadels gewesen sind, die bei Abwesenheit der Hausherren den adligen Hofdamen lustvolle Freuden unter deren Röcken bescheren sollten. Irgendwo hatte ich diese Weisheiten doch mal gelesen.

Okay, nun wurde es ernst. Während ich versuchte, mich auf das Wesentliche zu konzentrieren und mich vorerst im musikalischen Small Talk übte – schließlich hatte ich gerade den Gig meines Lebens gespielt und war voller Adrenalin – entledigte sich Alex nach und nach ihrer Klamotten unter dem

Vorwand, es zu warm zu haben. Bis dahin verlief der späte Abend für mich also recht vielversprechend. Irgendwann flog ihre Bluse in die Ecke und ich konnte ihren recht gut geformten Körper unter dem weißen T-Shirt erahnen. Auch ihr Haargummi fing plötzlich an zu nerven, und ihre Socken störten sie nach einer Weile ebenfalls. Cool, dachte ich, geht ja fast wie von selbst.

Doch dann passierte das Unfassbare. Ich erblickte voller Entsetzen hellrot lackierte Fußnägel. Oh my God! Sofort fühlte ich mich in meine Tanzmusikertage zurückversetzt, die Geschehnisse auf der Damentoilette im Anschluss an meinen vermeintlich letzten Auftritts stiegen in mir hoch, und ich begann fast schon panisch, mir einen Fluchtplan zurechtzulegen. Das Gespräch lief zwar angeregt weiter, doch ich wusste, dass hier und heute gar nichts stattfinden würde.

Filou saß derweil schnaufend auf dem Nachbarsofa, und ich hatte den Eindruck, als grinse er ein wenig. Hatte er vielleicht bemerkt, dass er Alex auch in dieser Nacht für sich alleine haben würde?

Doch wie kam ich aus dieser Nummer nun wieder raus, ohne als Waschlappen dazustehen? Schließlich war klar, worauf der angebrochene Abend aus Alexandras Sicht hinauslaufen sollte.

Sie lief inzwischen annäherungstechnisch zur Höchstform auf und rückte immer näher, während es in mir sehr zwiespältige Gefühle gab. Einerseits war sie echt sexy, total nett und hübsch obendrein, aber mit einer lackierten Lady ging nach der Ramsteiner Toilettennummer gar nichts.

Also ging ich zum Angriff – der eigentlich ein Rückzug werden sollte – über und erzählte ihr, dass ich sie supernett fände und sie erst mal näher kennenlernen wolle, ehe wir beide hier unter den Augen ihrer Möpse etwas kaputtmachen würden, was ja noch nicht einmal richtig angefangen hatte. Ich gaukelte ihr also ernsthafte Absichten vor, die sie mir auch ernsthaft abkaufte. Es blieb bei der ausgezogenen Bluse, den Socken und dem grinsenden Hund.

Wir tranken eine Flasche Wein, und Alex machte mir zwei leckere Kaffee in den frühen Morgenstunden, ehe sie mich zu meinem Auto am Rock Café fuhr. Zum Abschied gab es einen freundschaftlichen Kuss, und das war es dann. Selbst wenn sie sich noch an diesem Tag dazu entschlossen haben sollte, sich aus mir unbekannten Gründen die Zehennägel nie mehr zu lackieren: Für mich blieb sie immer die sehr nette Alex mit den hellroten Nägeln.

Meinen Freunden und Musikerkollegen erzählte ich natürlich eine völlig andere Geschichte und war heilfroh, dass Alexandra nie mehr zu einem unserer Auftritte kam. Vielleicht ist sie auch da gewesen, ich sah sie jedenfalls nie wieder! Da oben auf seiner Wolke schüttelte Bon Scott höchstwahrscheinlich den Kopf über meinen kleinen Spleen! Sorry Bon!

KAPITEL 20
SCHOOL'S OUT

Die Idee zu unserer Band und der sagenhafte Auftritt waren gut angekommen, obwohl Dschürgen und ich ja im Vorfeld sowieso nie daran gezweifelt hatten. Die Presse überschlug sich regelrecht und lobte unser professionelles Auftreten. Es hatte sich also rückwirkend durchaus ausgezahlt, dass wir die großen Rockhelden auf ihren Tourneen so oft bewundert, studiert und natürlich auch kopiert hatten. Das behielten wir weiterhin bei, denn es sollten noch viele interessante Tourneen und Showaspekte dazukommen.

Zirka zwei Wochen nach unserem Auftritt organisierte das Rock Café einen Dia-Abend mit den Bildern, die Theo, der Fotomann, geschossen hatte. Erneut sahen wir uns in unseren Posen und unserem schrillen Outfit. Alle Beteiligten hatten meines Wissens ein sehr breites Grinsen auf ihren Gesichtern. Allen voran Dschürgen und meine Wenigkeit.

Wie erwähnt, wollten wir uns ja neben dem Stageacting auch durch unsere Klamotten von den anderen örtlichen Rockern abheben und hatten somit ganz nebenbei fast schon Maßstäbe gesetzt. Denn es geschah Folgendes: Bei einigen Auftritten befreundeter Bands stellte sich nach und nach ebenfalls und für uns völlig überraschend ein Wandel im Erscheinungsbild ein.

Es war schon super, ein Provinz-Trendsetter in Sachen Rock 'n' Roll-Verkleidung zu sein. Nun konnte uns nichts und niemand mehr erschüttern, wir waren die Kings. Dachten wir! Doch bevor es zum ersten echten Rock 'n' Roll-Notfall kam, stand die erwähnte Zwischenprüfung mit der Zulassung zum Anerkennungsjahr an.

Schon Tage vorher schien es, als liefen die aufgebrachten Pädagogikanwärterinnen Amok. Nichts war mehr zu hören von Weekendexzessen, Partys und entfernten Discos mit knuffigen, paarungswilligen Kerlen. Die Prüfungsangst stand ihnen buchstäblich ins Gesicht geschrieben, zumal einige nicht gerade berauschende Vornoten hingelegt hatten. Mehrfach wurde über die möglichen Prüfungsfragen diskutiert und ausgewertet, was höchstwahrscheinlich nicht drankommen würde. Tipps von den Lehrern wurden für bare Münze genommen, andere als irreführend verworfen.

Der erste Prüfungstag kam, und nach einem sehr obskuren Platzauswahlverfahren bequemte ich mich auf einen der Plätze im mittleren Gang des Prüfungssaales. Doch nun traf mich erst mal der Schock angesichts nachpubertierender Teeniegirls, die allesamt Glücksbringer mitgebracht hatten. Steiff-Bärchen, brennende Kerzen für die Heilige Jungfrau Maria (welche allerdings am nächsten Tag aus Brandschutz-Gründen nicht mehr angezündet werden durften), eine originale Autogrammkarte von Leonardo DiCaprio und ähnlicher Schnickschnack zierten die umliegenden Tische. Hätte ich doch nur meinen lebensgroßen Angus-Young-Pappaufsteller mitgebracht!

Die Fragestellungen des ersten Tages im Fach Pädagogik waren relativ einfach. Man hatte die Wahl zwischen drei Themen, die aber letztendlich darauf abzielten, ob man sein sogenanntes pädagogisches Rüstzeug beisammenhatte.

Lang und breit hatten wir an einem konkreten Beispiel zu beschreiben, was die Hauptprobleme unserer Gesellschaft im Umgang mit ihren Kindern und Jugendlichen waren und was wir zur Lösung dieser beitragen könnten. Nun blieb es jedem Einzelnen überlassen, diese Fragestellung mit Inhalt zu füllen, was ich auch auf zirka 20 Seiten tat. Natürlich handschriftlich! Über den Inhalt kann ich leider nichts mehr Konkretes sagen, allerdings reichte es zu einer glatten zwei.

Am zweiten und dritten Tag standen Psychologie und Didaktik/Methodik auf dem Prüfungsplan. Platzzuweisung, Glücksbringer (ohne Kerzen) und dann vier Stunden „Feuer frei" für die eigenen Gedanken zur Verbesserung der Gesellschaft. Auch hier erwarb ich zweimal die Note gut und hatte das Schriftliche somit schon mal bestanden, ehe wir in die mündlichen Prüfungen mussten. Hier hatte ich dann das ganz große Los gezogen. Jugendliteratur! Aus drei Themen durften wir uns eines heraussuchen und ich entschied mich für das Thema Märchen. Ich hatte zu erklären, ob die Märchen der Brüder Grimm noch als zeitgemäß betrachtet werden können und welches die immer wieder auftretenden Merkmale in den Storys waren. Ich brabbelte mein Wissen daher, ehe ich im Anschluss noch zwei, drei themenbezogene Fragen beantworteten musste. Dann durfte ich den Raum verlassen.

Da ich mir ziemlich sicher war, bestanden zu haben, stieg ich in meinen Renault und fuhr nach Hause. Für mich war die Schule beendet, und die letzten echten großen Ferien begannen. Denn bald würde ich wieder in die Arbeitswelt eintreten. Die Schulzeit war verdammt schnell vorbeigegangen!

Innerhalb der Band kam es nach zwei Wochen Probenpause zu den ersten Diskussionen, ob wir nicht auch Songs anderer Interpreten mit in unser Programm nehmen sollten, denn bei einigen Titeln hätten die Leute ja nicht so enthusiastisch mitgefeiert. Ich glaubte, nicht richtig zu hören, als sogar Songs vorgeschlagen wurden, die ziemlich weit von meinem Verständnis für Rock 'n' Roll entfernt waren. Vehement stand ich für meine Sache ein, hier eine AC/DC-Tribute-Truppe gegründet zu haben, in der es niemals andere Götter neben den Genannten geben würde. Auch Dschürgen war meiner Meinung und die Diskussionen erst mal verschoben. Trotzdem kam es schon nach drei Monaten zum ersten Split, da Meggie lieber mit seiner Zweitband auf diversen Dorffesten spielen wollte und er Sin City wohl als eine Art Klotz am Bein empfand. Verstanden habe ich seine Entscheidung nie, aber wir trennten uns freundschaftlich und blieben noch lange Jahre in Telefonkontakt.

Es galt also erneut, einen Gitarristen zu finden, was uns aber nun wesentlich leichter fiel, denn unser Auftritt hatte sich herumgesprochen. Ohne auch nur eine Anzeige zu schalten, liefen bei uns fast schon die Telefone heiß. Alte Wegbegleiter, Neunkircher Supergitarristen und auch blutige Anfänger versuchten den vakanten Platz zu bekommen. Wir kamen uns vor wie Superstars, die auf ihrem Thron saßen und Bittsteller abwimmeln mussten, ehe wir dann auf die naheliegende Idee kamen, mit einem zweiten Sänger und Gitarristen zu arbeiten. Eddi, unser Sänger, war nämlich auch ein begnadeter Sechssaiter, und da er durchaus auch Lust hatte, öfter mal wieder Gitarre zu spielen, fiel unsere Wahl auf einen Typen, der in unserer Gegend relativ oft mit seiner akustischen Gitarre in Irish Pubs spielte, jedoch auch ein Herz für den harten Rock hatte. Dirk hatte eine eher raue Stimme, die der Stimme Brian Johnsons schon sehr nahe kam. Außerdem war er auf seiner Les Paul so versiert, dass er bei Eddis Gesangsstücken die Leadgitarre locker übernehmen konnte. Wir teilten das Programm also durch zwei Sänger und arbeiteten erneut an den Songs und den Soloparts. Es klappte!

Ich kann mich erinnern, dass wir mit diesem Micro Sharing zum damaligen Zeitpunkt sehr zufrieden waren, aus heutiger Sicht war es jedoch eher eine Notlösung, da ich der Meinung bin, jeder sollte sich voll und ganz auf eine Sache konzentrieren. Eben nicht nur ein bisschen singen und ein bisschen Gitarre spielen. Nein, 100 Prozent Vollgas! Auch der spätere Split mit Dirk öffnete mir diesbezüglich die Augen für alle Zukunft: Entweder man gibt sich einer Sache voll und ganz hin, oder man vergisst es ganz schnell wieder. Lieber auf einer Hochzeit tanzen, als zwei Dinge nur halbwegs gut zu betreiben. Denn letztlich ist es doch so: Hat man erst mal sein Rock 'n' Roll-Herz an eine Sache verloren, so ist kein Platz mehr für eine zweite Band, für ein Side Project. Denn diese Nebenbands sollten Sin City nicht den Platz zum Atmen nehmen.

Nun bestand die Band zunächst einmal aus fünf Jungs, die alle aus derselben Heimatstadt stammten oder zumindest hier oder in einem der Vororte wohnten. Schnell fanden wir auch wieder einen geeigneten Proberaum, der die nächsten Jahre unser Hauptquartier sein sollte. Als Meggie ausgestiegen war, hatte er seinen Proberaum in der alten Schule auch gleich wieder mitgenommen. Unser neuer Raum befand sich im Rückgebäude einer Kneipe, in der wir nach den Proben ganz gerne das eine oder andere Bier zu uns nahmen und in der die hiesige Musikszene ein und aus ging. Wir konnten proben, so oft wir wollten, und zahlten damals meines Wissens einen relativ geringen Mietpreis für unser neues Sin City Headquarter.

Ich hatte aber erst mal Ferien und entschloss mich, mit drei alten Klassenkameraden an den Lago Maggiore zu fahren. Mötley, Andreas, Frank und ich packten ziemlich kurzfristig unsere Schlafsäcke, ein paar Klamotten, ein Zelt und zirka 300 Dosen Bier, ehe wir uns in meinem Renault Kastenwagen in Richtung Tessiner Alpen aufmachten.

Nachdem wir sehr früh morgens aufgebrochen waren und uns beim Fahren abgewechselt hatten, kamen wir gegen 17 Uhr auf dem Campingplatz an. Frank hatte die Adresse für diesen Platz übrigens von seinem Bruder, der Jahre zuvor bei einigen Pfingst-Bike-Sessions schon hier gewesen war. Diese Bike Sessions waren damals äußerst beliebt, denn einige der in unserer Stadt beheimateten Biker und Motorradfreunde waren in der Vergangenheit genau hier schon böse versackt. So schien es Ralle, Franks älterem Bruder, genau der richtige Ort für uns vier Chaoten zu sein. Ralle war, ganz am Rande erwähnt, auch einer der ehemaligen Vis-à-Vis-Klienten.

Bei der Anmeldung auf dem Zeltplatz mussten wir alle vier zuerst einmal unsere Ausweise abgeben. Der Platzverwalter hatte wohl schon so manche böse Überraschung erlebt und zog sicherheitshalber die Papiere ein. Na prima!

Wir bekamen einen Platz zugewiesen, der uns sehr sympathisch war, denn rund um uns herum waren keine normalen Campingfamilien oder Wohnmobilfreaks, sondern nur junge

Leute, die wie wir Lust auf Party hatten. Bevor wir jedoch unser Vier-Mann-Zelt aufbauen konnten, wurde zur Begrüßung ein Bier getrunken. Zwei Jungs aus unserer Zeltnachbarschaft, die schon den ganzen Tag ordentlich Alkoholika zu sich genommen hatten, erzählten uns von ihren Erlebnissen in den letzten paar Tagen und vom Campingplatz-Supermarkt, der immer reichlich Getränke vorrätig hatte und natürlich von Chiara, der hübschen Kassiererin des Supermarktes.

Gegen 23 Uhr waren unsere Biervorräte bereits etwas geschrumpft, und als es auch noch leicht zu regnen anfing, wurde uns klar, dass wir unser Zelt noch gar nicht aufgebaut hatten. Also blieben wir erst mal im Vorzelt der Nachbarboys sitzen und tranken weiter. Es wurde sehr früh, und als es schließlich begann hell zu werden, kam ein völlig aufgelöster Mittfünfziger zu uns und machte uns unmissverständlich klar, dass er und seine Campingfamily nun endlich schlafen wollten und dass es ihm so langsam reichen würde mit unserem Krach. Wir hatten im Vordelirium völlig vergessen, unsere Mucke auf eine erträgliche Lautstärke zu reduzieren. Warum auch? Wir entschuldigten uns, drehten die Musik leiser, und als es schon hell war, sanken wir in unsere Schlafsäcke, um den ersten Tag halb zu verschlafen. Um zirka 14 Uhr wurde ich wach und schaute in die glasigen Augen der Gesichter vom Vorabend. Allerdings waren die Kollegen weitaus fitter als ich und schon sehr fleißig gewesen, denn das Zelt war aufgebaut. Zum Frühstück öffnete ich eine lauwarme Dose Bier und war umgehend wieder mitten im Geschehen. Der Urlaub hatte begonnen. Auch im weiteren Verlauf des Ausflugs in die Alpen drehte sich alles um Bier, Musik und Chiara, die wirklich sehr nett anzuschauen war, jedoch allabendlich von ihrem Freund im Sportwagen abgeholt wurde. Schade!

Bevor wir nach einer Woche wieder nach Hause fuhren, muss es wohl noch einige witzige Szenen am und im Lago Maggiore gegeben haben, die allerdings wegen des vermehrten Alkoholeinflusses nie mehr zu 100 Prozent ans Licht befördert werden konnten. Es blieb für alle Beteiligten in den späteren Erzählungen immer „der Ausflug zum Lago"!

KAPITEL 21
KIDS WANNA ROCK

Nach meinem Italien-Kurzausflug und vier weiteren ähnlich erholsamen Wochen trat ich mein Anerkennungsjahr im Jugendzentrum unserer Nachbarstadt Homburg an, nachdem ich ja auch die mündliche Prüfung bestanden hatte.

Mit vier Kolleginnen und Kollegen betreute ich in einem städtischen Gebäude Kinder und Jugendliche im sogenannten offenen Bereich. Dies bedeutete, dass die Kids kommen und gehen konnten, wie sie wollten, und wir ihnen beispielsweise bei ihren Hausaufgaben zur Seite standen. Es gab jedoch kaum eine Handhabe, wenn die Heranwachsenden nicht auftauchten, denn den meisten Eltern waren ihre Kids einfach egal. Sie waren zwar froh (oder taten zumindest so), wenn sie Hilfe bei den Hausaufgaben bekamen, kümmerten sich aber nur in den wenigsten Fällen darum, dass ihre Kleinen auch bei uns auftauchten.

Zu dieser Zeit machte ich mir zum ersten Mal bewusst viele Gedanken über das Thema eigene Kinder und beschloss für mich, dass es ein großes Stück Verantwortung bedeutete, wenn ich selbst Kids auf diese in vieler Hinsicht verdorbene Welt setzen würde. Ich verstand nie, wie es Eltern egal sein konnte, was ihre Sprösslinge den ganzen Tag über so trieben. Kann man wirklich eine solche Gleichgültigkeit an den Tag legen?

Offensichtlich konnte man, denn auch in meinen späteren Berufsjahren hatte ich immer wieder genau mit dieser Spezies

Eltern zu tun. Allerdings auch mit durchaus vernünftigen Mamas und Papas.

Ich beschloss, vorerst keine Kinder in die Welt zu setzen. Zum einen gab es für mich zu dieser Zeit nicht annähernd die perfekte Frau, und zum anderen war ich mir dieser großen Verantwortung bezüglich eigener Kinder sehr bewusst. Man könnte mich jetzt einen Egoisten nennen, aber dieser Entscheidung mit der damit verbundenen Tragweite, so war ich mir sehr sicher, sollte sich jeder zuerst einmal selbst stellen. Vielleicht würde sich ja ein Wandel in meiner Einstellung vollziehen, wenn ich die 110-Prozent-Frau gefunden hätte. Außerdem würde ich mit Sicherheit irgendwann mein Rock 'n' Roll-Vermächtnis weitergeben wollen. Aber eben noch nicht jetzt!

Meine tägliche Arbeitszeit begann um 10 Uhr, was relativ human war. So konnte ich bis fast 9 Uhr schlafen, duschen und dann die 15 Kilometer Fahrstrecke hinter mich bringen. Außer Dienstbesprechungen, Teamsitzungen und Einkäufen gab es vormittags nicht wirklich viel zu tun, denn um 12 Uhr war schon wieder die Mittagspause angesagt, die ich zumeist Musik hörend in einem der Büros verbrachte.

Wie erwähnt war der offene Bereich zum einen in einem städtischen Gebäude untergebracht, zum anderen der Stadtverwaltung angegliedert. Dies bedeutete, dass wir alle städtische Angestellte waren und uns mit der Stechuhr herumärgern mussten. Wir waren also gezwungen, jeden Dienstbeginn, jedes Verlassen des Hauses (genannt Dienstgang) und wirklich jede Minute außerhalb des Gebäudes an der elektronischen Stechuhr zu quittieren. Bei jedem Versuch, dies zu umgehen, oder bei einem „Oops, ich hab's vergessen!" gab es sogleich eine Vorladung beim Amtsleiter oder im Wiederholungsfall die schriftliche Abmahnung. Hierzu gab es Damen in einem Büro der Verwaltung, die monatlich alle Stechkarten einsammelten, um sie auf ihre Richtigkeit zu überprüfen. Mit diesen freundlichen Helferlein wollte man nun gar nicht aneinander geraten. Sie waren die Meisterinnen über Stunden, Überstunden und angeordnete Überstunden. Die peniblen Wächter der Arbeitsmoral. Die Diktatur der Uhr hatte also auch für mich begonnen. Ich muss jedoch eingestehen, dass ich aufgrund meiner Erziehung eher der ordentliche Angestellte war, der es erst gar nicht zu dienstlichen Ungereimtheiten hätte kommen lassen wollen. So eckte ich in meinem Praxisjahr zum Glück nie bei den Stechkartenladys an.

An den Nachmittagen erledigte ich zumeist erst ein wenig Schreibkram, ehe gegen 13.30 Uhr die ersten Schüler eintrafen, wenn sie denn Lust dazu hatten. Fairerweise muss allerdings auch erwähnt werden, dass einige Schüler sehr gerne zu uns kamen, um sich bei den Hausaufgaben helfen zu lassen oder um für eine anstehende Klassenarbeit zu üben. Oft gab es für uns jedoch auch nichts oder nur wenig zu tun, und zwar dann, wenn im Sommer Schwimmbadwetter herrschte. Die Jugendlichen seilten sich dann öfter direkt nach der Schule ab, um dem offenen Jugendtreff zu entfliehen. Mehrfach erlaubten sich Ralf (ein netter Kollege, der als Honorarkraft eingestellt war) und ich den Spaß, schon gleich mit einem der städtischen Dienstbusse am Schwimmbad auf die Kids zu warten, um sie sicher zum „Offenen" zu begleiten, wo sie dann mit unserer Unterstützung ihre Hausaufgaben erledigen durften.

Pünktlich um 16 Uhr öffnete das Jugendcafé. Ab jetzt herrschte Hochbetrieb, die Jugendlichen der Kleinstadt rannten uns förmlich die Tür ein, um an einen der drei PCs zu dürfen mit denen sie kostenlos im World Wide Web surfen konnten. Oft legten wir sogar Listen aus, in die man sich eintragen musste, um einen Massenansturm zu verhindern. Die Bildschirme waren nicht selten mit fünf oder sechs Leuten voll belagert. Erstaunlich, wie fit die Jugendlichen an den Computern waren, auch wenn sie nur Minuten zuvor bei ihren Hausaufgaben fast kläglich versagt hatten. Bill Gates hätte damals seine wahre Freude an so manchem Nerd gehabt.

Neben diesen Internetjunkies kamen aber auch zahlreiche Klienten, um ganz einfach nur Billard, Dart oder Tischtennis zu spielen oder um mit Freunden abzuhängen. Das Jugendcafé war eine bei den Jugendlichen anerkannte und akzeptierte Einrichtung, in der ohne Zwang und Druck der gesamte Nachmittag verbracht werden konnte. Natürlich gab es auch Regeln innerhalb des Hauses, bei deren Übertretung so manches Mal ein Hausverbot ausgesprochen werden musste. Dies geschah jedoch nie, ohne das Gespräch mit dem oder den betroffenen Jugendlichen zu suchen. Konnte sich der oder die Übeltäter dann auf das Gespräch einlassen und sah vielleicht auch ein, dass es falsch war, beispielsweise Alkohol mit ins Café zu bringen, so gab es zuerst einmal eine Verwarnung. Im Wiederholungsfall war allerdings klar, dass man an einem Hausverbot nicht vorbeikam. Die Heranwachsenden versuchten zwar immer, mit wackeligen Argumenten der Sanktion zu entgehen, doch es blieb beim Rauswurf, wofür man dann mit den übelsten Schimpfwörtern tituliert wurde. Na prima!

Den Dienst im Café hatten meistens zwei bis drei Personen. Es wurden alkoholfreie Getränke ausgeschenkt und in der Küche kleine Snacks vorbereitet, die dann zu konsumentenfreundlichen Preisen verkauft wurden. An Montagen gab es lange Schlangen vor der Theke, denn es hatte am Sonntag Taschengeld gegeben. Gerade die Kids unter zehn Jahren setzten fast ihr ganzes Vermögen in Süßigkeiten um. Es gab jedoch auch Kaffee, Tee, belegte Brötchen, Cola, Fanta und vieles mehr, was von den Jugendlichen verkonsumiert wurde.

Ich verbrachte also ein volles Jahr damit, Hausaufgaben mit Kindern und Jugendlichen zu machen sowie im benachbarten Café Thekendienst zu schieben. Doch wenn dies meine ganze Arbeit im Anerkennungsjahr gewesen wäre, hätte ich die Stelle nie bekommen. Neben diesen eher lockeren Tätigkeiten sollte ich natürlich auch noch einige Kinderaktionen organisieren, die ich vorab schriftlich fixieren musste und zum Unterzeichnen meinem Praxisanleiter vorzulegen hatte.

So machte ich mir Gedanken über diverse Billard-, Fußball- oder Street-Soccer-Turniere, die ich ausarbeitete und mit einigen anderen Mitarbeitern durchführte. Gegen Ende meines Praxisjahres legte ich dann die vollständige Mappe mit all meinen Ideen und durchgeführten Aktionen in der Erzieherschule vor. Nun war ich zur Erzieherabschlussprüfung zugelassen.

Im Verlauf meines Praxisjahres lernte ich viele Menschen kennen, die mir auch später noch in angenehmer Erinnerung geblieben sind. Eine Kollegin allerdings brachte mich mit ihrem Tun, Handeln und ihrem gesamten Wesen mehr als einmal auf die Palme. Ich hatte mir bis dahin nicht vorstellen können, dass es eine solche Art Mensch geben könnte.

Sie hieß Eva und war knapp über 30. Ihr Studium zum Sozialpädagogen hatte sie vor einigen Jahren abgeschlossen und war seitdem, über Beziehungen innerhalb der Stadtverwaltung, im „Offenen" beschäftigt. Allein schon ihre Art, auf Probleme zuzugehen, verursachte mir fast körperlichen Schmerz. Sie verteufelte alle ihr fremden Verhaltensweisen und gab stets anderen Menschen die Schuld an kleinen wie großen Problemen, die sie letztendlich nie alleine bewältigen konnte. Im Kollegenkreis wurde sie deshalb, hinter vorgehaltener Hand, nur Miss Unflexibel genannt.

In Teamsitzungen hörte sie sich Probleme an, um sie dann zu zerreden oder erst einmal die Schuldfrage klären zu wollen. Es kam ihr wohl nie in den Sinn, ein Problem direkt anzugehen, um es gemeinsam zu beseitigen. Für Eva stand im Vordergrund, wer das Problem verursacht hatte. Punkt, aus! Ein gemeinsames Herangehen lehnte sie in ihrer schnippischen Art ab, um sich anderen, wichtigeren Dingen zu widmen. Im Prinzip war es so, dass sie Menschen mit Problemen schlichtweg ignorierte und mit ihren Sorgen alleine ließ. Hatte sie dafür Sozialarbeit studiert?

Das Schlimmste allerdings war, dass sie sich bei einer erfolgreichen Umschiffung einer Problematik besonders herausstellte, als hätte sie von vornherein schon gewusst, was zu tun sei. Bei einer solchen Lobpreisung ihrer selbst geriet ich verbal dermaßen mit ihr aneinander, dass sie mich wochenlang schnitt, was mir eigentlich ganz recht war. Ein weiterer Grund meiner innerlichen Ablehnung ihr gegenüber war die Tatsache, dass sie auf spezielle Art in einem hiesigen, sehr großen Einkaufsmarkt „einkaufen" ging und dies dann auch immer wieder stolz erzählte. Das Einkaufen musste sich bei ihr wohl über mehrere Stunden erstrecken und bestand in erster Linie darin, abgelaufene Lebensmittel zu suchen, um dann an der Kasse einen Gutschein zu bekommen – das Management des Supermarktes hatte eine Belohnung auf jeden abgelaufenen Artikel ausgesetzt. Man stelle sich das so vor: Eva und wahrscheinlich auch ihr Mann, ein Theologiestudent im letzten Semester, durchforsteten, wahrscheinlich auf allen vieren oder kniend, gemeinsam die Weiten der Kühlregale nach Joghurt- und Milchprodukten, um dann freudestrahlend und triumphierend zur Kasse zu wandern und den Rabatt zu kassieren. So konnte man natürlich auch seine Einkäufe finanzieren. Vielleicht erfreuten sich die beiden aber auch lediglich an der Tatsache, dass nun die Befüller der Kühlregale ordentlich einen „auf den Sack" bekommen würden für ihr Versäumnis, abgelaufene Produkte auszusortieren und wegzuwerfen. Bis heute kann ich eine solche Sparmentalität nicht verstehen, und ich würde lieber verhungern, als dass ich mich auf so niederträchtige Art auch nur irgendwie bereichern wollte. Jahre später lernte ich aber auch noch andere Leute kennen, die sich aufgrund ihres Aufwachsens in der ehemaligen DDR ähnliche Sparmechanismen angeeignet hatten. Ich verstand und verstehe solche Typen bis heute nicht!

Gegen Ende meines Anerkennungsjahres geigte ich Eva meine Meinung bezüglich dieser Art einzukaufen und meiner regelrechten Abscheu gegenüber solcher Pfennigfuchserei. Seit diesem Tag sprachen wir nie wieder ein Wort miteinander, und das war auch gut so! Sie konnte mir sowieso gestohlen bleiben, denn das Praxisjahr war fast vorbei.

Der aufmerksame Leser hat sich vielleicht schon Gedanken darüber gemacht, warum die Überschrift dieses Kapitels „Kids Wanna Rock" heißt, ich aber bis hierher nur über Hausaufgabenbetreuung und eine höllisch nervende Kollegin schreibe. Die Überschrift hat aber durchaus ihre Berechtigung, denn im Keller des Jugendcafés befanden sich drei Proberäume junger, aufstrebender Bands, welche jedoch eine relativ hohe Fluktuation aufwiesen. Es gab während meines Anerkennungsjahres zirka 15 Kapellen, die in den Katakomben probten und nach eigenen Aussagen den Punkrock neu erfinden wollten. Ich konnte diese Begeisterung bei den Jungspunden durchaus nachvollziehen, wunderte mich aber Jahre später ganz ordentlich darüber, dass die allermeisten der mir von damals noch bekannten Gesichter später nie wieder ein Instrument in den Händen gehalten haben.

Die Jugend hat schon etwas Rebellisches, was aber wohl irgendwie zwischen dem 20. und 30. Lebensjahr genetisch bedingt abhandenkommt, um sich dann in gänzlich anderen Wesenszügen zu manifestieren. Mehr als einmal hörte ich bei späteren Veranstaltungen solch geniale Sprüche wie: „Ach Gott, das haben wir doch schon vor Jahren gemacht!" oder „Punkrock ist doch völlig out!" Am meisten schmerzen mich solche Sprüche von den sogenannten Ex-Musikern, die seit damals nie wieder Musik gemacht und Punkrock als Modeerscheinung erlebt haben. Es gibt und gab damals wie heute immer noch die typischen Mitläufer, auch unter den Musikern. Wir hören oder spielen Punk, weil es gerade „in" ist. Tatsache ist aber, dass Punk genauso wenig „in" sein kann, wie Rock 'n' Roll nie „in" ist. Beides sind Gefühle, sehr starke.

Aber nur die wenigsten begreifen und fühlen, wie es einem ergeht, wenn man von einem Song gepackt wird und dieser sich für immer in die Seele des Hörers einbrennt. Und ich meine damit nicht die popübliche „schöne Melodie". Ich meine viel mehr dieses Gefühl, mit einem Song die endlose Lebensautobahn entlangfahren zu können, ohne dass er jemals langweilig werden könnte.

Dieses Hochgefühl ist mit nichts auf dieser Welt vergleichbar, mit gar nichts. Der erste Sex verblasst beispielsweise gegen „Keep Your Hands To Yourself" von den göttlichen Georgia Satellites aus dem Jahr 1986, da man diesen musikalischen Hochgenuss als echter Rocker nie wieder vergessen wird, geschweige denn ablegen kann. Entschuldigung Heike, aber mein Herz schlägt nun mal im 4/4 Takt. Lifetime warranty!

Klar kennt sicher auch der eine oder andere Normalo den soeben erwähnten Song und schätzt ihn vielleicht auch, aber fühlen kann ihn nicht jeder. Darauf würde ich noch heute meine umfangreiche Langspielplattensammlung (inklusive des besagten Werkes) verwetten. Musikfreunde kommen und gehen, echte Musikverrückte bleiben es ein Leben lang und gehen ihren Weg.

So war das auch im Keller des Jugendcafés, Musiker kamen und gingen und wurden nie wieder gesehen, bis auf die besagten Meckerer und Stänkerer, die Jahre später bierbäuchig den Jungpunks etwas vorschreiben wollten. Ach, geht doch einfach heim, ihr Fuc ...!

Bei all den punkigen Angriffen auf meine Gehörgänge blieb ich damals aber den rifflastigen Hardrock-Klängen treu. Mit der Band lief es gut, und wir zogen schon im ersten Jahr unseres Bestehens reichlich Gigs an Land. Wir schienen eindeutig und wirklich zufällig eine Marktlücke entdeckt zu haben, unser Name sprach sich bei den Veranstaltern herum. Jeder kannte AC/DC und jeder Zweite wollte Sin City.

So kam es also, dass wir bereits im ersten Jahr unseres Bestehens zirka 20 Auftritte spielten, die zumeist ich, aber auch Dschürgen an Land gezogen hatten, wenn nicht die Veranstalter direkt auf uns zugekommen waren. Ich hatte es damals allerdings etwas einfacher, Auftritte zu organisieren, denn ich konnte zunächst einmal aus dem Gigfundus der Schnapper Gang schöpfen. Doch wir wollten ja mehr. Und so schauten wir uns im gesamten süddeutschen Raum nach rock 'n' rolltauglichen Spelunken um. Die Kneipiers standen eben nicht nur auf Westernhagen-Songs, nein, ganz besonders auch auf AC/DC.

KAPITEL 22
ROCK 'N' ROLL JUNKIE

Das Anerkennungsjahr ging für mich zu Ende, Eva kaufte derweil weiterhin mit ihrem Theologen sparsam ein und ich hatte endlich eine geile Band am Start. Was sollte also bei meiner endgültigen Abschlussprüfung schiefgehen?

Die Prüfungsmodalitäten waren die gleichen wie vor einem Jahr: Platznummer ziehen, Maskottchen der Teenies bewundern (Shit, ich hatte schon wieder den Angus-Pappaufsteller vergessen), Umschlag öffnen, ready to go ...

Die Schulzeituhr tickte ihrem Ende entgegen, und ich wusste eigentlich schon vorher, dass ich die Prüfung schaffen würde. Warum? Während meiner Schulzeit hatte ich vielleicht mehr als so manch anderer verinnerlicht, dass es in der Pädagogik immer mehr als eine Meinung gibt und man je nachdem, wie man etwas begründete, zumindest nicht falsch liegen konnte. Ich konnte also meine These zu einem Thema vertreten, ohne Gefahr zu laufen, in der Abschlussprüfung völlig danebenzuliegen. Zwei Monate später erhielt ich auf einer sehr schön von der Unterstufe organisierten offiziellen Verabschiedungsfeier meine staatliche Anerkennung zum Erzieher. Handshakes von den Lehrern, und ab durch die Mitte.

Von meinen ehemaligen Klassenkameradinnen hörte ich nie wieder etwas. Schade, sie waren mir irgendwie doch ans Herz gewachsen! Die Zeit überbrückt halt auch die größten altersmäßig bedingten Differenzen und Animositäten. Gerne würde ich jetzt, Jahre später wissen, wie es ihnen in den verschiedenen Berufsfeldern so ergangen ist.

Ich für meinen Teil musste mir nach der bestandenen Prüfung eine Arbeitsstelle suchen, denn nach Beendigung der Prüfung stellte das Arbeitsamt sofort seine Zahlungen ein. Sin City warf auch noch nicht so viel Geld ab, dass ich mich davon hätte ernähren können, und meine Wohnung wollte schließlich auch bezahlt sein.

Durch Zufall erfuhr ich von einer Schwangerschaftsvertretungsstelle in einer großen Jugendhilfeeinrichtung, im 20 Kilometer entfernten Neunkirchen. Ja genau, in dem Ort unseres ersten Auftrittes lebten offenkundig jede Menge problembeladene Erwachsene und demzufolge auch Hunderte Kids, mit diversen, zum Teil irreparablen Verhaltensauffälligkeiten. Richtige Problem Childs, wie es der gute Bon schon damals ganz treffend getextet hatte.

Zum Vorstellungsgespräch erschien ich, nach meiner schriftlichen Bewerbung, mit einem akkurat geflochtenen Pferdeschwanz, um den theologisch angetouchten Superpädagogen zu geben. Keine zehn Minuten später hatte ich den Vertretungsposten, nicht zuletzt deshalb, weil ich so ganz nebenbei meine musikalische Ader erwähnt hatte. Musik ist nun mal ein Medium, mit dem man stets einen guten Stand bei den Heranwachsenden hat. Dies wussten natürlich auch die Personalchefs der Einrichtung, die mit einem Musikanten in ihren Reihen sehr glücklich werden sollten. Mit Musik im Blut geht alles besser, gerade dann, wenn man wie ich noch halbwegs den Plan davon behielt, was zu allen Zeiten gerade musiktechnisch so in den Hitparaden angesagt war. Gegenüber anderen Kollegen, denen dies gänzlich schnuppe war, blieb ich auch in Sachen Jugendmusik in all den folgenden Jahren immer zumindest ansatzweise am Ball. So konnte man wenigstens mal auf dieser Ebene einen Gesprächsaufhänger für die oft schwierige Zusammenarbeit vorweisen. Gerade dann, wenn es den pubertären Teenies völlig „am Arsch vorbeiging", was die Erwachsenen von ihnen erwarteten oder verlangten.

Andererseits stellte eine Arbeitskollegin Jahre später treffend fest, dass mich einige Kids aufgrund meiner Zugehörigkeit zu Sin City absolut bewunderten und sogar anhimmelten. Warum sollte ich diese Bewunderung nicht für unsere Arbeit nutzen?

Gleiches galt darüber hinaus jedoch auch für ein, zwei weibliche Elternteile, die in den folgenden Sin City Jahren sogar eine Autogrammkarte von mir (ich empfand dies aber eher als peinlich) an ihre Einbauküchenwand gepinnt hatten und mein Konterfei noch nicht einmal abhängten, als ich zu Elterngesprächen zu ihnen nach Hause kam. Ich kam mir in diesen wenigen Momenten schon ziemlich blöd vor, einerseits der Drummer einer regional äußerst angesagten Band mit eigenen Autogrammkarten für die Fans zu sein, andererseits von den Klienten bewundert zu werden. Vielleicht hat ja jeder Erdenbürger ein solch kleines Problem, wenn er in zwei gänzlich verschiedenen Personengruppen, quasi in zwei verschiedenen Welten jeweils anders gesehen wird? Es gibt wahrscheinlich aber auch Schlimmeres.

Doch es war noch nicht so weit. Im ersten Sin City Jahr gab es noch keine eigenen Autogrammkarten und schon gar keine an Einbauküchenschränken.

Wir spielten, da wir ja alle berufstätig waren, zu Beginn auf jedem Wald- und Wiesenfest, sofern die Gigs freitags oder samstags waren. Jedes Angebot wurde akzeptiert: zahlreiche Kneipen, ein bis zwei Open Airs und einige Hallen-Festivals mit anderen Kapellen.

Bei den Gagenverhandlungen zeigte ich mich als eisenharter Businessmann. Wir waren zwar in der hiesigen Musikszene noch ein relativ unbeschriebenes Blatt, demzufolge versuchten die Veranstalter andauernd den Preis zu drücken. Da ich aber speziell im Bereich Rock 'n' Roll mit reichlich Selbstvertrauen ausgestattet war, arbeitete ich nach dem Vorsatz „Make it or break it". Nur äußerst selten wich ich daher von unseren, meinen Gagenvorstellungen ab.

Bei den zahlreichen Telefonaten setzte ich den Preis immer etwas höher an, um dann, wie auf einem türkischen Basar, letztendlich den von mir real angepeilten Preis auszuhandeln. Klar ging ich auch manchmal Kompromisse ein, aber nur wenn sich daraus neue Engagements ergaben. So kam es vor, dass ich einen Auftritt etwas günstiger anbot, nur um dann einen zweiten Gig zum normalen Preis auszuhandeln. Grundsätzlich jammerten (und jammern) ja alle Veranstalter wegen der Gagen, aber letztendlich kommt das Publikum ja wegen einer Band, und das sollte doch wohl honoriert werden.

Jahre später sollte mir jedoch bei einer Veranstalterin aus Wien genau das Gegenteil passieren, denn ich hatte die Gage für einen Auftritt beim größten europäischen Harley-Davidson-Meeting im österreichischen Faak am See offensichtlich viel zu niedrig angesetzt. Und das kam so: Nicky, die Wiener Agenturdame hatte uns im Internet aufgestöbert, wollte uns unbedingt für diese Wahnsinns-Harley-Show buchen und fragte unverblümt nach dem Preis. Ich versprach, mich umgehend zu melden, recherchierte ein wenig herum und verständigte mich mit Dschürgen, dass wir unsere Crew mit unserer kompletten Backline (Verstärker und Drums) mit einem Transporter in Richtung Klagenfurt schicken wollten, um dann höchstselbst von Frankfurt aus mit dem Flugzeug einzufliegen. Eben ganz Rockstar-Style, mit Abholung und Transfer, Übernachtung im Hotel für alle, Sprit und Vignette für den Transporter, Essen und Drinks für Band und Crew. Kurzum veranschlagten wir daher 4000 Euro. Ich schrieb damals die Antwortmail und war nicht schlecht überrascht, als Nicky antwortete: Prima, wir hatten 6000 Euro für euch veranschlagt.

Anreise, Transfer, Gig vor zirka 10.000 Bikern, Catering, Backstage, Hotel – alles war vom Feinsten, doch die Sache mit der Gage sorgte noch Jahre später für so manchen Lacher.

In den ersten Jahren war an solchen Summen allerdings noch gar nicht zu denken und auf den Wochenendreisen durch die südwestdeutsche Provinz war es uns ohnehin erst mal viel wichtiger, Kontakte zu knüpfen und neue Leute kennenzulernen. Und so entstanden Kontakte zu zahlreichen Veranstaltern, Rockerklubs, Bars, Pubs, Dorfkneipen, kleinen Festivals und zu anderen Musikern, die mir auch noch Jahre später sehr gut in Erinnerung waren und mit denen ich noch heute in Verbindung stehe. Eine dieser lieben Personen ist beispielsweise Michi A., Sänger und Schlagzeuger (welch irre Kombination!) der genialen Rudis Gurken aus Kirn. Michi war wahrscheinlich der Inbegriff des Stehaufmännchens des Rock 'n' Roll. Nachdem Jahre später die Gurken, wie sie von ihren Fans genannt wurden, aus musikalisch-menschlichen Gründen zerfielen, gründete er recht flott die noch genialere Hau-Ruck 'n' Roll-Kapelle Elektrisch Hildegard. Michi ist wie ich Rock 'n' Roller durch und durch. Lieber spielte er auf den kleinsten Gigs, als mit dem Popo auf der Couch festgewachsen zu sein. Lieber vor fünf Leuten headbangend die Mega Show als „Verstehen Sie Spaß?" in der Glotze.

Wir lernten uns auf einem Mini Open Air kennen, bei dem wir dann beide die beinahe letzten Gäste der Nacht waren und fast operativ von der Sektbar entfernt werden mussten, als wir vergeblich versuchten, die wohlproportionierte Bedienung für ein nächtliches Dreier-Engagement zu verpflichten. Es gelang uns nicht, dennoch hatten wir jede Menge Vergnügen in dieser Nacht, denn wir zogen bis zum späten Mittag durch diverse Kneipen, ehe jeder erschöpft den Heimweg antrat. Kopfschmerzen am darauffolgenden Tag waren garantiert.

Michi und seine Bands sprangen in all den Jahren mehrfach für uns ein, wenn wir mal einen Auftritt ablehnen oder (sehr selten!) sogar absagen mussten. Relativ kurzfristig war es auch andersherum immer möglich, einen Termin zu schieben, wenn die Gurken oder die Hildegard mal nicht konnten. Wir schusterten uns also Gigs zu, die wir selbst nicht spielen konnten, dem Veranstalter aber auch nicht direkt absagen wollten. In den Jahren darauf verdiente Michi sein Geld mit dem Verleihen von PA-Anlagen sowie mit dem Betrieb eines kleinen Studios. Millionär wurde er damit nicht, aber er ist bis heute glücklich!

Glücklich war er auch über einen Anruf meinerseits, als ich ihn als Moderator zu unserer Sin City 10th Anniversary Party einlud. Er sagte damals sehr spontan zu und erschien an besagtem Abend in einem transparenten Minikleid mit Leoparden-Stringtanga, um vor 1500 Leuten in der Festhalle unserer Stadt das Jubelfest zu moderieren. Dem ist wohl nichts mehr hinzuzufügen! Michi, I love you!

Sin City zog jedoch nicht nur einen Chaoten wie Michi an, nein, auch in den eigenen Reihen geschah manch magischer Moment. Ganz besonders ab dem Zeitpunkt, als sich eine Person zu uns gesellte, die uns bis heute und wahrscheinlich auch bis zum bitteren Ende begleitet: Gerhard, genannt „The Slaughter", Roadie und linke Hand des Teufels. Gerhard gehörte nicht ganz von Anfang an zur Sin City-Familie, denn er wohnte zu Beginn unseres Unternehmens noch in Stuttgart und war dort als Maler und gelegentlich als Stagehand größerer Events tätig. So baute er beispielsweise im Vorfeld der Tanzshow „Lord Of The Dance" Projektoren in schwindelerregender Hallenhöhe auf, obwohl er sehr unter Höhenangst litt. Als während einer dieser Klettereien einer der Staplerfahrer aus Unachtsamkeit einen schweren Videoprojektor mit seinem Stapler unsanft auf dem freistehenden und ungesicherten Gerüst absetzte und dieses dabei wohl etwas heftiger touchierte, wäre Gerhard beinahe nicht unser Roadie geworden. Im Laufe unserer Karriere wünschte ich so manches Mal, der Stapler hätte das Gerüst nicht nur leicht gerammt, sodass uns einige Aktionen seitens unseres Roadies erspart geblieben wären. Ein stellvertretendes Beispiel für viele solcher Kleinigkeiten, die nie wirklich schlimm, aber durchaus nervig waren, ist folgende Episode: Wir kamen relativ spät auf einem Open Air im nördlichen Saarland an. Backstage ging es ziemlich hektisch zu. Jede Menge wichtiger

„Ich hab einen Backstagepass, guck doch mal bitte jeder her"-Leute liefen herum, doch keiner hatte vom genauen Ablauf des Abends einen Plan. Es hing auch nirgendwo eine Running Order, auf der man den Ablauf oder die Bandreihenfolge hätte erkennen können.

Während Dirk und Gerhard erst mal eine Kräuterzigarette rauchen gingen, bekamen wir irgendwie heraus, das Sin City als zweite Band auftreten sollte und dass die komplette Veranstaltung wegen Lärmschutzauflagen bereits gegen 1 Uhr in der Frühe beendet sein musste. Wir hatten also einen der beliebten Sandwich-Jobs zwischen zwei Bands. Shit, das hieß nämlich: schneller Aufbau und schneller Abbau in äußerst betriebsamer Backstageumgebung. Nix da mit relaxtem Vorbereitungsbier vor der Show.

Die Kapelle vor uns überzog natürlich ihr Programm, und so war es eigentlich am Veranstalter, deren Set rasch zu beenden. Doch vom Veranstalter fehlte jede Spur. Wahrscheinlich verteilte er irgendwo wahllos Backstagepässe an die Dorfschönheiten.

Nach endlosem Keyboardgedudel (wie sollte es auch anders sein!) und sage und schreibe fünf Zugaben konnten wir auf die Bühne, um unser Equipment aufzubauen. Ah, da stand ganz plötzlich auch der Veranstalter und zeigte sich gleich von seiner nettesten Seite: „Ja, ich weiß, Männer, die andere Band hat überzogen, ihr wisst ja, um 1 Uhr muss Schluss sein. Beeilung, Beeilung! Und, ach ja, ihr könnt dummerweise nur eine dreiviertel Stunde spielen! Ich gebe euch dann ein Zeichen, wann ihr vor der Zugabe von der Bühne müsst … bla, bla, bla …"

Unsere Laune sank ziemlich in den Keller. Der Aufbau verlief dementsprechend hektisch, kurzer Linecheck, bei dem nur mal eben die Funktion der Speaker und Mikros getestet worden war, Umziehen in einer Minigarderobe, die eigentlich eine Damentoilette war, kein Bier griffbereit, Intro läuft und ab auf die Bretter. Erster Song, wie üblich „Live Wire". Ich hörte fast nichts oder besser gesagt nur einen Soundbrei aus diversen verzerrten Gitarren! Keine Gesänge und nur den Bass von James. Logisch, denn die Box stand auch direkt neben meinem linken Ohr. Wir kämpften uns regelrecht durch den ersten Song, und ich konnte sehen, dass auch die anderen mit dem Sound mehr als unzufrieden waren. Zweiter Song, und der Mann am Mischpult hätte jetzt so langsam mal seinen Job machen sollen. Eddi begann mit „Shot Down in Flames", während Dirk etwas mehr Leadgesang auf die Monitorspeaker verlangte. Die sogenannten Monitore sind Kontrolllautsprecher, die den Musikern auf der Bühne helfen sollen, die anderen Instrumente besser oder lauter wahrzunehmen. Meine Laune lag mittlerweile bei Zero, und jetzt, beim zweiten Song, kam wie üblich Gerhard zu mir, um meine nachträgliche Monitorsoundbestellung beim Mischer zu ordern. Doch noch bevor ich mir mehr Gesang und Gitarren für meine Monitorbox wünschen konnte, sagte Gerhard: „Hey, nach vorne klingt es total scheiße!" Was sollte ich da noch sagen? Gerhard, der Meister der Hoffnung und Zuversicht, unerreicht – weil nie kopiert! Über weitere für uns anstrengende Episoden decken wir an dieser Stelle den schwarzen Bühnenvorhang des Schweigens. Oder besser zwei!
In all den Jahren hingen wir beide wegen solcher Geschichten wirklich oft aneinander, doch im Herzen war Gerhard

Rock 'n' Roll. Sonst hätte er es wohl nie so lange als Backliner mit uns ausgehalten, und wir nicht mit ihm. Musik ist sein Lebensinhalt, auch wenn er nie ein Instrument beherrscht hat. Gerhard war genauso verrückt wie wir. Nur anders! Im Übrigen schleppte er in unserer gemeinsamen Zeit weitaus öfter Groupies ab als jedes andere Bandmitglied.

Doch kommen wir zum chronologisch ersten echten Highlight der Sin City Geschichte, welches in Speyer stattfinden sollte. Ich hatte durch meinen Zivildienst recht gute Kontakte zur Speyerer Musikszene geknüpft, und so wurde ich mit Wolfgang, dem zuständigen Altstadtrock-Mann, recht schnell einig. Ich hatte also ein Engagement für eines der coolsten Rheinland Pfälzer Open Airs an Land gezogen, wofür mir meine Mitmusikanten im Anschluss an den Gig fast auf Knien dankten.

Wir kamen entspannt am frühen Freitagabend im unteren Domgarten zu Speyer an. Eine fette, amtliche Bühne stand da. Vielleicht die größte, die wir bis dahin beackert hatten. Natürlich fühlten wir uns wie die Könige, denn schließlich wollten wir am späten Abend Speyer eine ordentliche Rock 'n' Roll Headline Show verabreichen. Gegen 22 Uhr sollten wir auf die Bretter, also hielten wir uns ab 20.30 Uhr backstage auf. Jede Band hatte ihr Zelt, einen Kühlschrank voller Getränke und ein kleines Catering. Alles sehr gepflegt und super organisiert. Eine der Vorbands hatte drei sehr hübsche Backgroundsängerinnen, die Gerhard kurzerhand auf ein Pläuschchen in unser Zelt einlud. Sehr aufmerksam!

Ich baute also unter Aufsicht in aller Ruhe mein Drum auf, während die Saitenabteilung ihre Instrumente stimmte, soweit das eben bei reichlich anwesender Ablenkung ging. Gegen 21.45 Uhr kam das Startsignal zum Umbau. Mit einigen sehr professionellen Stagehands ging das auch recht schnell vonstatten, ehe wir wirklich pünktlich gegen 22 Uhr lospoltern konnten.

Die leicht ansteigende Wiese vor der Bühne war mit 2000 Leuten sehr gut gefüllt. Vereinzelt hörten wir bereits im Backstagezelt „Sin City!" Rufe. Das konnte doch wohl nicht wahr sein!

Die Bühne war dunkel, unser Intro lief. Jamie stieg auf die Bühne und begann mit „Live Wire". Als die Lights angingen, tobte bereits der schon leicht bis mittelmäßig alkoholisierte Mob. Von jetzt an gaben wir alles und gingen, aus unserer Sicht, in die Geschichte der Speyerer Rock 'n' Roll-Bischöfe ein. Ein Platz in den Katakomben des Domes war uns sicher.

Jeder Künstler kennt das Gefühl, wenn während einer Aufführung außer einem Blitzeinschlag nichts mehr schiefgehen kann. Wir spielten unser normales Set, welches rein vom Zeitgefühl her nach zehn Minuten schon wieder vorbei war. Seltsam! In Realzeit waren es ganze 70 Minuten gewesen. Dieses Phänomen ereilte uns übrigens in den darauffolgenden Jahren sehr, sehr häufig. Zumeist dann, wenn wir einen super Auftritt vor einem Super-Publikum hingelegt hatten.

Als wir nun mit dem regulären Set fertig waren, forderte die Menschenmasse lautstark Zugabe. Wir hatten das Glockenintro zu „Hells Bells" längst als CD am Mischpult hinterlegt. Der erste Glockenschlag erklang, und dann brachen endgültig alle Dämme. Wir wurden abgefeiert!

Im Anschluss an diese Show gaben wir Autogramme auf blanke weibliche Haut und bekamen zwei oder drei weitere

Auftrittsangebote. So konnte es weitergehen. Im ersten Jahr unseres Bestehens hatten wir bereits einen Big Gig gespielt. Klasse! Als kleines zusätzliches Schmankerl gab es zirka drei Wochen nach der Show eine echt professionelle Fotomappe eines bekannten Speyerer Fotografen, der uns ganz nebenbei in gespenstisches Bühnenlicht getaucht abgelichtet hatte und uns so eine große Freude bereitete. Diese Mappe befindet sich noch heute in meinem Besitz. Danke an Roland Rossbacher!

Das erste Jahr mit Sin City ging sehr schnell zu Ende. Ich hatte viele tolle Auftritte, einige nette Menschen kennengelernt und die für mich doch so wichtige Prüfung mit Bravour bestanden. Einen vorerst sicheren neuen Job hatte ich ebenfalls, also konnte ich unbekümmert so weitermachen, wie ich es mir vorgestellt hatte. Musik, Musik, Musik! Doch bei all dem positiven Stress hatte ich eine andere Lebensader völlig aus den Augen verloren: das weibliche Geschlecht.

Ich stürmte dennoch nicht los, um gleich die nächstbeste Bekanntschaft zu ehelichen oder zumindest näher kennenzulernen. Ich war fast ein Rockstar und mir sollten recht schnell die Frauen zu Füßen liegen, so dachte ich. Also konnte ich beruhigt abwarten, hinter irgendeiner Ecke des Lebens würde sich schon die Queen of Rock verbergen.

Doch es geschah erst mal gar nichts. Mein neuer Job beanspruchte mich nämlich voll und ganz und somit hatte ich nach all den täglichen menschlichen Schicksalen und seelischen Abgründen keinen echten Bedarf auf eine Bekanntschaft, die sich vielleicht als völlig kaputte Zeitgenossin entpuppt hätte. Hinter jeder halbwegs vernünftigen Frau vermutete ich damals irgendeine abscheuliche menschliche Tragödie: Missbrauch, Alkohol- oder Drogenprobleme oder vielleicht Adoptionsspätschäden. Darauf hatte ich ja nun überhaupt keinen Bock, denn das erlebte ich alltäglich auf meiner Arbeit. Ich brauchte mindestens fünf Monate, um mein Leben bewusst in zwei Teile zu spalten.

Einerseits der Erzieher, der täglich versuchte, mit guten Tipps und Ratschlägen anderen Menschen ein Zusammenleben mit den eigenen Kindern (oder Eltern, je nachdem) aufzuzeigen. Auf der anderen Seite der verrückte Rock 'n' Roll-Prediger, der wohl nicht ernsthaft weiter daran glauben konnte, alle weiblichen Wesen seien problembeladene Individuen, die sich genau auf mich zu bewegen würden. Ich beschloss für mich: Job ist Job und privat ist privat. Punkt.

Erst jetzt löste sich irgendwie ein innerlicher Knoten, denn ich besann mich wieder auf alte Tugenden. Frauen wollten erobert werden und eigentlich auch nicht den ganzen Abend über den Alltagsschrott nachgrübeln, auch wenn es mal im Daytime Job zwischen 9 und 17 Uhr persönliche oder jobtechnische Probleme gab. Kaum hatte ich den kleinen Anflug von Paranoia abgelegt, lernte ich zufällig auf einer Geburtstagsparty Karen kennen.

Sie war Amerikanerin und Tochter eines in Ramstein stationierten US- Militärbediensteten. Auf die Party war sie von einer Bekannten des Gastgebers einfach mitgeschleppt worden. Auf dem Weg zur Toilette waren wir irgendwie ins Gespräch gekommen, und als wir beide getrennt voneinander unser dringendes Bedürfnis erledigt hatten, unterhielten wir uns in einem Mischmasch aus Englisch und Deutsch, der Rest wurde nonverbal mit Händen und Füßen erklärt. Es entstand eine sehr lustige Konversation, die sich bei immer höher werdendem Alkoholspiegel zusehends entspannte. Da ich gar keine ernsten Absichten hatte, redete ich ganz offen mit ihr und konnte so auch ihren noch leicht bestehenden Schmerz über ihre letzte, wohl vor kurzem beendete Beziehung heraushören. Die Party ging zu Ende, wir tauschten die Telefonnummern aus und der schöne Abend war vorbei. Wir sahen oder sprachen uns nie wieder, trotzdem hatte ich bezüglich noch kommender Frauengeschichten wieder ein gutes Gefühl. Wie gesagt, die Geschichten, die ich bei meinem Job hörte und erlebte, sollten niemals meine privaten Wege zuwuchern.

Der Job blieb weiterhin hart. Ich hatte mehr oder weniger die Patenschaft für drei Kids, mit denen ich arbeitete. Allerdings stellte sich das Erarbeiten vernünftiger Ziele bei den Jugendlichen als weitaus einfacher heraus als bei deren Eltern oder Pflegeeltern. Oft sehr uneinsichtig und fast schon beleidigt reagierten diese auf durchaus akzeptable Vorschläge meinerseits, wie sie ihr Leben – und das der Kids – besser in den Griff bekommen könnten. Dabei hatte ich eigentlich nur versucht, die eigenen Ressourcen der Erziehungsberechtigten zu entdecken und in geeignete Bahnen zu lenken. Dies verlief aber nicht immer ideal, und schon nach wenigen Wochen waren oft alle Ratschläge wieder hinfällig.

Die eigentliche Arbeit mit den Jugendlichen machte mir großen Spaß und auch so manche Elternarbeit, wenn sich ehrliches Interesse an den Problemen der Kids zeigte. Gerade diese Arbeit stellte sich dann als viel fruchtbarer heraus. Man konnte mit den familiären Ressourcen arbeiten, und das lohnte sich dann auch. Nur schade, dass in so einem Fall die Zusammenarbeit oft nicht von langer Dauer war. Die Probleme lösten sich nach ein bis zwei Jahren fast immer in Wohlgefallen auf, und die Kinder/Jugendlichen konnten aus unserer Betreuung entlassen werden. Viel schwieriger war es allerdings in den Fällen, die unsere Maßnahme nicht unbedingt als Hilfe erachteten, sondern viel eher als vom Jugendamt aufgebürdet. Hier musste man zuerst einmal den unausgesprochenen Vorwürfen entgegenwirken, man sei der Informant des Jugendamtes, welches nur vorhatte, die Familie auszuspionieren, um dann die Kinder im Heim unterzubringen. Hier hatte man wohl schon im Vorfeld schlechte Erfahrungen mit dem Amt gemacht. Die Vertrauensarbeit blieb erst mal an uns hängen.

Nun ließ ich mir jedoch nicht völlig alleine all diese Weisheiten zur Lebensverbesserung anderer einfallen, nein, es wurde jeder einzelne Fall im Team (bestehend aus vier weiteren Kollegen und einem Psychologen) besprochen. Ich hatte also zwangsläufig auch sehr viel mit anderen Familien zu tun, über deren Geschichte ich Bescheid wusste und bei denen ich auch (zumindest in den Teamsitzungen) meinen Senf dazugeben konnte.

In diesen Sitzungen wurde jeder Fall einzeln vorgestellt und besprochen. Durch den glücklichen Umstand, dass unser Team damals zur Hälfte aus Männern und Frauen bestand, wurde jede Seite einer Familie angemessen beleuchtet. Dies hielt ich für sehr wichtig, denn man kann Familienprobleme nicht nur aus Männer- bzw. Frauensicht betrachten. Familien sind schließlich keine gleichgeschlechtlichen Gebilde, auch dann nicht, wenn die Eltern getrennt sind und der Ex-Partner vielleicht nur noch im Hintergrund mitmischt. Oder wenn es so scheint, als wäre einer der Elternteile der dominantere

Part. Die Kinder erleben schließlich beide Eltern und neigen vielleicht auch dazu, ausgerechnet zum Schwächeren hin zu tendieren. Genau diese Diskussionen bezüglich Männer- und Frauenverhalten waren in dem gemischt besetzten Team äußerst wichtig.

In den späteren Jahren meines Berufslebens änderte sich die Zusammensetzung der Mitarbeiter jedoch dahingehend, dass mehr weibliches Personal eingestellt wurde und in den Besprechungen daher vermehrt weibliche Sichtweisen vertreten waren. Dies war natürlich ausgewogenheitstechnisch nicht mehr ganz so in Ordnung. Meiner Meinung nach hätte die Personalabteilung unserer Einrichtung viel mehr auf einem Geschlechtermodell beharren müssen, in dem beide Seiten gleichermaßen und somit ausgewogen vertreten gewesen wären, um die Probleme der Familien besser beurteilen und beleuchten zu können.

Diese Ansicht hätte sich für mich auch dann nicht geändert, wenn all meine Kolleginnen von Gottesgnaden mit den Maßen 90-60-90 ausgestattet gewesen wären. Im Gegenteil, das hätte nur noch mehr von den eigentlich arbeitsrelevanten Problemen abgelenkt. Andererseits hatte ich mir sowieso die Devise zurechtgelegt, niemals auch nur einen kleinen Flirt mit einer Kollegin anzufangen. Den üblichen Beziehungsstress wollte ich mir nicht auch noch auf der Arbeit antun. Speziell im Fall einer Trennung könnte dies schließlich weitreichende Verwicklungen nach sich ziehen, dachte ich mir. Und ich behielt Recht, denn im Kollegium ergab sich einige Jahre später eine solche Liaison, mit anschließender Vergewaltigung der gegenseitigen Würde. Mit einer wunderbar unschönen

Offenlegung aller sexuellen Vorlieben und Abneigungen beider Parteien. Das wollte ich mir doch besser ersparen!

KAPITEL 23
UNPLUGGED

Zum Glück kamen die Wochenenden. Samstagabend. Showtime! Ein weiterer großartiger Auftritt besonderer Art stand in meinem Kalender.

Wir waren im zweiten Jahr unseres Bestehens und hatten uns eigentlich ganz nebenbei ein weiteres musikalisches Standbein erarbeitet, was uns zwar nicht vom Rock 'n' Roll, jedoch von der Lautstärke ein Stück entfernte. In den wöchentlichen Proben war einer von uns auf die Idee gekommen, die ganzen rockigen Songs nur mit akustischen Instrumenten zu spielen. Die Unplugged-Welle war gerade über MTV nach Europa geschwappt, und so legten wir eine Probe fest, um zu versuchen, die ganzen AC/DC Songs mit akustischen Gitarren darzubieten. Ziel der Aktion war die Erschließung neuer, kleinerer Kneipen, in denen wir nie laut und elektrisch hätten spielen können, ohne eine Verwüstung biblischen Ausmaßes anzurichten.

Wir probten einfach wild drauf los und entdeckten die Songs der Australier völlig neu. Es war, als hätten wir einen verborgenen Pfad wiedergefunden. Die schon so oft gespielten Lieder erstrahlten in völlig neuem Licht, mit dem ursprünglichen Touch von Rock 'n' Roll, wie ihn Elvis oder Chuck Berry auch gespielt haben mussten. Die Drums bediente ich etwas zarter, sodass ein feineres Allgemeinbild entstand. Sin City Unplugged war geboren.

Die erste Show dieser Art sollte in der benachbarten Kneipe steigen, in der wir schon so oft bei einem Bier über unsere Zukunft sinniert hatten. Peter, der Kneipier, war begeistert von unserer Unplugged-Idee und wir fanden ziemlich schnell einen Termin. Nun waren Dschürgen und mein Organisationstalent erneut gefordert. Uns war, als hätten wir dies alles schon einmal erlebt, denn mit unserer Promotionarbeit wollten wir wie damals in Neunkirchen etwas Großes schaffen. Mal abgesehen von der Performance an sich.

Wir steckten unsere Köpfe zusammen und teilten die Arbeiten ein. Wer macht die Presse? Wer kümmert sich ums Plakatieren? Lassen wir neue Plakate drucken mit speziellem Unplugged-Motiv? Wie dekorieren wir die kleine, aber feine Bühne? Und nicht zuletzt: Was ziehen wir an? Alles wie gehabt. Wir erstellten den ultimativen Masterplan für die Sin City Unplugged Tour. Doch damit nicht genug! In den Proben stellte sich heraus, dass die Songs geradezu nach Veränderungen schrien, und so wandelten wir nicht nur Tempo und Songstruktur der AC/DC-Klassiker ab, nein, wir übersetzten sogar Textpassagen in unsere deutsche Muttersprache, um den eindeutig-zweideutigen Texten etwas mehr Gehör zu verschaffen. Der geneigte Leser sollte sich unter den genannten Gesichtspunkten nur einmal „Given The Dog A Bone" etwas genauer anhören, um die textliche Schlitzohrigkeit eines Bon Scott oder Brian Johnson zu entlarven.

Im Vorfeld des geplanten Auftritts fühlten wir uns mehrfach an unsere erste Show erinnert, denn wir bekamen zum einen prompt eine Mega-Presse, die uns als die westpfälzischen Superhelden ankündigte. Zweitens erhielten wir erneut eine saftige Rechnung des Ordnungsamtes wegen unzulässigen Plakatierens. Noch Jahre später stritten wir uns im Spaß über diese Tatsache, denn keiner von uns war sich einer Schuld bewusst, und jeder leugnete vehement das Bekleistern des beschriebenen Tatortes.

Der Auftrittstag rückte näher, und wir hatten noch kein Outfit gefunden. Wir wollten ja nicht den damals üblichen LA-Poser geben, nein, diesmal sollte es doch bitte schön etwas feierlicher werden. Dies würde ja keine handelsübliche Rock Show sein, vielmehr ein unterhaltsamer Abend mit Holzgitarren und umgebauten AC/DC-Songs.

Damit eines vorab klar wird: Nie würden wir die Songs veralbern. Es sollte lediglich die nahe Verwandtschaft zum ursprünglichen Rock 'n' Roll aufgezeigt werden. AC/DC ist Rock 'n' Roll, und das wollten wir auch auf akustischem Wege zeigen.

Genau deshalb entschieden wir uns auch für die schwarzen Anzüge, die wir uns extra zu diesem Anlass zulegten. Okay, zulegen ist vielleicht ein wenig zu hochtrabend formuliert, denn Dschürgen marschierte einige Tage vor dem Auftritt in die sogenannte Kleiderkammer des Deutschen Roten Kreuzes und kaufte für sage und schreibe fünf Deutsche Mark fünf der schönsten schwarzen Auftrittsanzüge, die die Welt je gesehen hat.

Als ob er unsere Konfektionsgrößen erahnt hätte, passten die Zweiteiler jedem von uns wie angegossen! Wir fühlten uns großartig in dem feinen Zwirn. Was sollte noch schiefgehen? Die Songs standen, und wir hatten dank der Anzüge mehr Sexappeal als Franky Boy Sinatra in seinen besten Jahren. Nun fehlte eigentlich nur noch eine amtliche Bühnendeko.

Als wir uns dann die etwas erhöhte Sitzreihe, die uns als Bühne dienen sollte, genauer ansahen, befanden wir die Eiche-Rustikal-Rückwand doch eigentlich ganz super und mehr als geeignet für unseren Holzgitarrenauftritt. Okay, zwei oder drei Kerzenständer hier und da, aber im Prinzip war es ideal. Und es bewahrheitete sich!

Der Abend kam, die Hütte war gefüllt mit Freunden, Musikfans und Neugierigen – und plötzlich ging die Tür auf und ein junger Mann betrat die Örtlichkeit, der uns genau wie Gerhard noch all die Jahre begleiten sollte.

Franky M. war Mitte 20 und der totale Rockfan. Im Anschluss an den Unplugged Gig zeigte er uns, was ein junger, gut gewachsener Dachdeckerboy so wegtrinken konnte. Schon im zarten Alter von 15 hatte er nach durchzechter Nacht eine halbseitige Gesichtslähmung hinter sich gebracht, als er mit seinem älteren Bruder am späten Samstagabend zu einer klitzekleinen Tour aufgebrochen war. Nach etwa einwöchigem Krankenhausaufenthalt mit dem vollen Programm (ausgepumpter Magen und Aufbaupräparate aller Art) konnte er glücklicherweise wiederhergestellt werden. Die Lähmung war seitdem zwar wieder verschwunden, Franky hatte aber irgendwie (so schien es) den Kehlkopf oder zumindest seinen Adamsapfel eingebüßt, denn ich fand nie wieder jemand, der so schnell trinken konnte. Innerhalb weniger Zehntelsekunden goss er einen halben Liter Bier in seinen Schlund, ohne auch nur einmal zu schlucken. Beeindruckend! Allerdings sollte er Jahre später in unserem finnischen Rock 'n' Roll-Bruder Vellu Palevaara noch seinen Meister finden.

In all den nun folgenden Jahren unserer Kooperation erheiterte er mit zahlreichen Anekdoten aus seinem bis dahin bewegten Leben unsere Gemeinschaft. Eine dieser Storys ging so: Frankys Ex-Freundin (übrigens später eine treue Sin City Anhängerin) hatte einen Berner Sennenhund. Genauer gesagt einen Rüden. Dieser war recht groß, jedoch zahm wie ein Lamm. Eines Abends verschaffte sich der Vierbeiner Zugang zum Schlafzimmer seines Frauchens, während sie und Franky gerade das komplette Kamasutra durchturnten. Der Hund schien vom Anblick, den Geräuschen und vielleicht auch den Gerüchen so angetan, dass er sich kurzerhand dazu entschloss dem Treiben beizuwohnen, um nach kurzer Zeit am Liebesspiel teilzunehmen. Nur eben so, wie Hunde es naturgemäß gewöhnt sind. Dummerweise befand sich Franky gerade oberhalb seiner Freundin.

Diese und weitere Geschichten festigten Jahre später Frankys Position als Witzbold und Storyteller innerhalb der Band, in der er fast noch am selben Abend zum zweiten Roadie neben Gerhard aufstieg. Er war schon damals für jeden Spaß zu haben und konnte auf eine sehr große Konzertbesuchsvergangenheit zurückblicken. Er war unser Mann, und wir waren in unserer Kleinstadt seine Band. Auch Jahre später gab es immer wieder Neues an ihm zu entdecken, und selbst wenn die Storys aus seinem Leben nur zur Hälfte stimmten: Franky – you are still the man! Auch die Geschichte, wie er mit einem Arbeitskollegen zum bekannten Festival Rock am Ring in die Eifel fuhr, sorgte immer wieder für heiteres Gelächter. Franky wollte sich wohl damals heimlich vom Acker machen, da er und seine Ex zu einer langweiligen Party eingeladen waren. Unter dem Vorwand, mal eben noch schnell duschen zu gehen, entschwand er aus dem Badezimmerfenster im zweiten Stock und war bereits seit einer Stunde unterwegs zum alljährlichen Eifelfestival, als seine Ex-Freundin die viel zu lange laufende, leere Dusche bemerkte. Es gab im Anschluss an dieses Wochenende eine Aussprache, die zur Trennung des ungleichen Paares führte.

In unseren Anzügen betraten wir die Eiche-Rustikal-Bühne in der prall gefüllten Kneipe. Das Gelächter und der Applaus spornten uns an, einen sagenhaften Gig abzuliefern. Nur mit akustischen Instrumenten bewaffnet, brachten wir mit aberwitzigen Versionen bekannter AC/DC-Gassenhauer den Saal zum Kochen.

Innerhalb kürzester Zeit hatte Ed das Publikum zum Mitsingen animiert, und die Show verlief bis zum Ende (aus damaliger Sicht) ohne nennenswerte Fehler seitens der Kapelle. Als Zugabe präsentierten wir „Back In Black" als Rap-Version und eine fast 20-minütige Hammerversion von „High Voltage Rock 'n' Roll" mit Band Introduction.

Die anwesenden Pressevertreter überschlugen sich förmlich in ihren Berichterstattungen am darauffolgenden Montag. Unplugged war/ist eben nicht nur bei MTV der Garant für sehr kurzweilige Live Performances.

Eine DAT-Aufnahme dieses denkwürdigen Auftritts ziert noch heute meine umfangreiche Sammlung an Aufnahmen von Sin City. Allerdings zeigt die Aufnahme, mit einigem Abstand betrachtet, dann doch den einen oder anderen musikalischen Fauxpas.

Im Anschluss an die Show gab es eine zünftige Backstageparty in den hinteren Räumen der Kneipe, welche ja unseren Proberaum beherbergte. Bis spät in der Nacht wurde mit zahlreichen Bekannten gefeiert und auf die Geburt des Unplugged-Babys angestoßen.

Veranstalter klingelten in den darauffolgenden Wochen per Telefon Sturm. Ich weiß nicht, wie sich unser Konzert auch in den Nachbarstädten so herumgesprochen hatte. Was auch letztendlich egal war, die Unplugged-Geschichte entwickelte sich auf jeden Fall zum Selbstläufer. Wir gastierten in zahlreichen kleineren sogenannten Kunstkneipen, ehe die ausverkaufte Show im Irish House in Kaiserslautern die letzte im laufenden Jahr wurde. Denn es gelüstete uns, oder besser gesagt unsere Gitarristen, auch wieder nach lauten Klängen, und so legten wir die Akustikgitarren für einige Jahre zur Seite.

Wir hatten fast vergessen, wie laut eine Gitarre klingen kann, als wir zum ersten Mal wieder elektrisch verstärkt probten, um neue Songs aus dem großen AC/DC-Repertoire einzustudieren.

Es war ein unbeschreibliches Gefühl für mich, die Songs wieder in die Felle dreschen zu dürfen, um die doch lauten Gitarren zumindest ansatzweise zu übertönen. Auch den Gitarristen gefiel es offensichtlich, denn sie legten sich dermaßen ins Zeug, dass am Ende jeder Probe jedem Musiker die Ohren nur so klingelten und auch die benachbarten Proberäume ordentlich beschallt worden waren.

Den ersten Auftritt nach unserer Unplugged-Pause hatte Bassmann James besorgt, denn er arbeitete mittlerweile nebenher als Tätowierer in Saarbrücken und hatte somit einen guten Draht zur dortigen Rockszene.

Es gab schon damals die Ford-Garage, ein ehemaliges Autohaus, welches zu einer Eventhalle umgebaut worden war. Jeden ersten Freitag im Monat veranstaltete man dort den Heavy Friday mit einer regionalen Rockband.

In der Vergangenheit hatten wir zahlreiche große Acts in der Garage bewundert. Pretty Maids, Johnny Crash, Faith no More, aber auch Saxon oder Motörhead. Wir waren total happy, diesen heiligen Boden zu betreten, dieselben Backstageräume benutzen zu dürfen und vielleicht auch das eine oder andere Mädel abzuschleppen, denn die anschließenden Rockpartys waren legendär.

Die Crew, bestehend aus Gerhard und Franky, traf bereits gegen 17 Uhr in der Garage ein. Eine amtliche PA- und Lichtanlage war aufgebaut und die beiden wuchteten unsere Backline auf die riesig dimensionierte Bühne.

Die Leute der Beschallungsfirma kannten uns mittlerweile vom Hörensagen, was uns sehr stolz machte und was den Soundcheck sehr professionell ablaufen ließ. Wir kamen uns vor wie die Superstars, als wir den etwa einstündigen Soundcheck absolviert hatten.

Im Backstageraum war bereits ein großes Buffet für uns und die komplette Crew und das Beschallerteam aufgebaut, was unser Gefühl, die wichtigsten Menschen der Welt zu sein, noch verstärkte. Offensichtlich rechnete der Veranstalter mit zahlreichem Publikum, denn warum sonst hätte er einen solchen Aufwand an Beschallung und Bewirtung betreiben sollen?

Es wurde 21 Uhr und beim gelegentlichen Spitzeln durch den Backstagevorhang bewahrheiteten sich unsere und die Hoffnungen des Veranstalters. Die Hütte wurde voll, und unsere Vorfreude stieg ins Unermessliche.

Vielleicht ist es hier an der Zeit, einmal auf die viel gestellte Frage nach der Anspannung oder dem Lampenfieber zu antworten.

Wenn man in den Backstagebereichen dieser Welt herumhängt und auf die Dinge wartet, die da gleich kommen werden, gehen einem schon viele Gedanken durch den Kopf. Ich für meinen Teil vertreibe mir die Zeit daher gerne mit locker, losen Gesprächen mit anwesenden Musikern, Technikern oder der einen oder anderen Frau, um mich bei einem Bier ein bisschen abzulenken. Andere Musiker, so habe ich vielfach beobachtet, ziehen sich lieber zurück und trinken Kaffee, lesen sich ihre Texte oder Noten durch und arbeiten noch mal an den Musikstücken, was ich als völligen Quatsch erachte. Für mich sollte die Zeit vor einem Auftritt wenig Musiktechnisches beinhalten, sodass ich mich gleich zu 100 Prozent ins Geschehen hineinwerfen kann. Eine Sache, die ich über Jahre beibehalten habe und die all meinen Musikerkollegen nie aufgefallen ist, ist die Tatsache, dass ich sie zirka 10 Minuten vor dem Auftritt regelrecht beobachte. Es ist schon sehr seltsam, wie verschieden Menschen – speziell Musiker – sind. Es stellt sich im Allgemeinen eine Hektik ein, die mich persönlich kaum berührt.

Ist das nun das viel zitierte, berühmt-berüchtigte Lampenfieber?

Ich weiß vor jedem Auftritt genau, was ich kann, und ich bin mir sicher, dass gleich alles zu meiner hundertprozentigen

Zufriedenheit verlaufen wird. Warum sollte ich mich also schlechten Gedanken hingeben?

All die Jahre hatte ich während der Aufbauarbeiten, den Soundchecks und Proben jede Schraube meiner Drums eher zweimal zugedreht, als bei einem Auftritt beispielsweise ein Becken wegkippen zu sehen. Ich war immer gerüstet und mein Material tipptopp in Ordnung. Anders als mancher Musiker wäre ich niemals mit geliehenem oder zum Teil defektem Equipment auf die Bühne gegangen. Ich hatte ja mit zahlreichen anderen Musikanten meine Erfahrung gemacht und wollte daher niemals live von einer hausgemachten Panne ereilt werden.

Falls es dennoch zu unvorhersehbaren Problemen gekommen wäre, hätte ich sie nur sehr schwer selbst beseitigen können, da ich hinter meinen Kesseln als Rückgrat der Band quasi festgenagelt war. Der Beat musste schließlich laufen, egal ob ein Becken umgefallen wäre, eine Monitorbox explodiert oder sich im Publikum, zur Freude aller, ein Groupie entblößt hätte. Eine Show ist für mich die Mühe aller Vorarbeiten, und die mache ich mir nicht selbst durch Schlampigkeit kaputt.

Ganz anders schienen jedoch einige der Jungs zu sein. Vor einer Show stieg in den allermeisten Fällen sichtlich der Adrenalinspiegel, der sich während der folgenden Minuten oder Stunden auf der Bühne dann sehr langsam wieder abbaute. Woran kann das liegen? Hatten sie etwa Leichen im Keller! Defekte Amps, keine Ersatzsaiten, die Texte nicht gelernt? Ich fand es nur selten heraus!

Wenn unser Intro einmal läuft, werde ich ruhig und freue mich immer, gleich auf die Bühne zu dürfen, um im Verlauf eines Auftrittes meine Akkus aufzuladen, bis sie gegen Ende der Show fast platzen. Oft scheinen Auftritte wie im Fluge zu vergehen, aber das liegt dann wohl daran, dass meine Batterien sich gerade vollgeladen haben und ich noch stundenlang weiterspielen könnte. Dementsprechend laut, glücklich und aufgedreht benehme ich mich anschließend backstage.

Eine vollkommen perfekte Show ist für mich das beste Mittel gegen alle Alltagsbeschwerden, auch was die kommenden Arbeitswochen anbelangt. Rock 'n' Roll und ein guter Auftritt wirken auf mich wie langanhaltende natürliche Drogen. Musik vermag es noch immer, meine Akkus, auch für die Arbeit mit den Jugendlichen, aufzuladen. Ich bin ein Rock 'n' Roll-Junkie, im positiven Sinne.

Ich verbinde mit der Musik nun mal die meisten meiner positiven Lebenserinnerungen. Und was ist, verdammt noch mal, schlecht daran?

Die Garage war mit 800 Hard 'n' Heavy-Fans sehr gut gefüllt. Ein Ansager kündigte uns an. Wir betraten die abgedunkelte Bühne, und Jamie legte wie immer mit „Live Wire" los. Wir jagten fehlerfrei durch unser Programm und als wir beim letzten Song des Abends angekommen waren, passierte der Supergau den wir noch Jahre später zur Belustigung aller immer wieder gerne erzählten. Dschürgen hatte wahrscheinlich mal wieder einem der tanzenden Metal-Girls zu tief in den Ausschnitt geschaut, denn er war so unkonzentriert, dass er die Akkorde des „Highway To Hell"-Refrains schon an der Stelle spielte, als eigentlich erst die Bridge kommen sollte. Ein dermaßen grober Schnitzer, dass er sogar dem unmusikalischsten Hinterwäldler Ohrenbluten verursachen musste.

Zum Glück reagierte Dschürgen nach einem Takt, griff das A auf seiner Gitarre und war wieder mit uns.

Der erste Auftritt in der Garage wurde für mich so etwas wie der Rock 'n' Roll-Ritterschlag, denn wie bereits erwähnt, hatten wir dort einige unserer Heroen rocken sehen. Und jetzt war mir selbst diese Location untergekommen. Auch Jahre später, als ich weitere bekannte Rockbands dort bewunderte, hatte ich stets unsere erste Garagen-Show im Kopf und war stolz wie Oskar.

Auch die Rockparty im Anschluss an unseren Auftritt sollte legendär werden, denn wir feierten bis in die frühen Morgenstunden mit den noch anwesenden Metalheads unseren Rock 'n' Roll-Einstand in der saarländischen Landeshauptstadt. Dabei lernten wir einige eingefleischte Rockfans aus der näheren Umgebung kennen, die uns noch Jahre später immer wieder über den Weg laufen sollten. An dieser Stelle einen allerliebsten rockigen Gruß in die eigentliche saarländische Oberrockgemeinde Ensheim/Saar.

KAPITEL 24
CHANGES

Ensheim ist ein kleiner Vorort von Saarbrücken und beheimatet einige richtig nette Rock 'n' Roll-Freunde. Daher war es nur eine Frage der Zeit, bis wir in deren kleinem Rockclub namens Rockhouse auftraten.

Das Rockhouse war ein langgezogener Kellerraum mit seitlicher Theke und einer riesigen, drei auf zwei Meter großen Bühne. Als ich mein Drum aufgebaut hatte, gab es kaum mehr Platz für je einen Marshall Turm links und rechts, geschweige denn für die Ampeg-Bass-Anlage.

Gegen 22 Uhr war das House mit gut 100 Leuten bis zum Platzen gefüllt und wir lieferten eine einmalige Minimal Rockshow. Schweiß, Bier and dancing girls! Seit diesen Tagen hat Sin City einen erlesenen kleinen Fankreis in der saarländischen Gemeinde, mit dem man von Zeit zu Zeit immer mal wieder ein kleines Bier trinken war. Zum Beispiel beim ersten AC/DC-Fantreffen des Fan-Magazins Daily Dirt.

Thomas Schade, ein Die-Hard-AC/DC-Fan veröffentlichte schon seit einiger Zeit in unregelmäßigen Abständen ein kleines, aber feines Heftchen zum Thema AC/DC, mit Interviews, Liveberichten und Coverband-Portraits von Fans für Fans. Da das Heftlein in ganz Deutschland und den angrenzenden Ländern zu beziehen war, sollte dem ersten Daily-Dirt-AC/DC-Fantreff in Trebur zwischen Wiesbaden und Frankfurt nichts im Wege stehen, und Thomas wollte uns, Sin City, als Live Act.

Über die karge Gage des Abends soll an dieser Stelle der Mantel des Schweigens gehüllt werden, denn es ging bei der Aktion um ideologische Gründe. Zirka 400 Fans aus ganz Europa tourten an diesem Tag nach Trebur bei Rüsselsheim. Zugegeben nicht gerade die Weltstadt des Rock 'n' Roll, aber Thomas kannte den Hallenbesitzer ganz gut, und so wurde die Kleinstadt für einen Tag zum Mekka der europäischen AC/DC-Fans. Bei unserer Ankunft im Reisebus, den wir mit 50 Freunden und natürlich den Ensheimern gechartert hatten, gab es ein großes Hallo, denn auf den gelaufenen AC/DC-Tourneen hatte man logischerweise den einen oder anderen Fan schon mal irgendwo getroffen.

In der Halle gab es eine Schallplatten- und CD-Börse, ein umfangreiches T-Shirt-Angebot und für alle Fans ein AC/DC-Quiz mit gar kniffeligen Fragen. An diesem beteiligte ich mich jedoch nicht, denn solch unglaublichen Fragen wie z. B. Welche Farbe hatten Angus Youngs Schnürsenkel während des Paris-Gigs der „Blow Up Your Video"-Tour? entlockten mir schon damals nur ein Kopfschütteln. Für einen Die-Hard-AC/DC-Fan hingegen gibt es wohl kaum Wichtigeres!

Der Tag schritt voran und gegen 21 Uhr betraten wir die Bühne der Sporthalle Trebur. Vom ersten Takt an bebte die Halle, denn die Fans kannten logischerweise jeden der Songs. In der kurzen Pause unseres Sets trat dann auch noch ein alter Sin City Bekannter auf: Fritz „Angus" Bremm mit seiner Angus-Young-Double-Show! Fritz brachte den Saal ebenfalls zum Kochen. Speziell sein „Bad Boy Boogie"-Strip begeisterte nicht nur die anwesenden männlichen AC/DC-Fans. Die

Heimfahrt im Bus war ein einziges Biergelage mit viel Musik und geschlossenen Freundschaften fürs Leben.

Andere Freundschaften sollten auf eine harte Probe gestellt werden. Innerhalb der Band stellten sich ungefähr zu diesem Zeitpunkt Spannungen ein, die vielleicht aufgrund der vielen positiv verlaufenden Auftritte erst nicht besonders zum Tragen gekommen waren, nun aber wegen einer Ankündigung Dirks in den Vordergrund traten: Dirk hatte nämlich vor, mit seiner Freundin Christina für ein halbes Jahr nach Gomera auf die Kanarischen Inseln zu verschwinden.

Klar gönnten wir ihm eine Auszeit, andererseits hieß das für die Band, pausieren zu müssen. Und so kam es, wie es kommen musste: Dirk verschwand für ein halbes Jahr auf die kleinste der Kanareninseln und wir blieben zurück mit hängenden Köpfen. Verdammt zum Nichtstun.

Erst jetzt diskutierten wir offen über Kleinigkeiten, die sich Dirk in der Vergangenheit hatte zuschulden kommen lassen: ausgefallene Proben unter fadenscheinigen Gründen und zumindest einen Vorfall, bei dem er ohne Instrument zu einem Auftritt erschienen war und sich kackfrech einfach Dschürgens Ersatzgitarre griff, ohne ein Wort darüber zu verlieren. Diese ganzen Vorfälle hinterließen speziell bei mir ein Gefühl, als stünde er nicht 100 Prozent hinter meiner Band. Und jetzt auch noch Pause wegen eines Liebesurlaubs! Die Würfel waren gefallen, zumindest bei mir!

Zum Abwarten gezwungen, schaffte ich es jedoch, mir mit einem Freund und in relativ kurzer Anlaufzeit ein zweites rock 'n' rolliges Standbein aufzubauen, auf welches ich mich während der Zwangspause von Sin City stellen konnte. Und das kam so: Schon vor längerer Zeit hatte sich Sin City bei dem Auftritt in der Saarbrücker Garage oder auch bei anderen Gelegenheiten mit einigen Gleichgesinnten angefreundet, die man hier und da auf ein Bier traf und die zum Teil in anderen lokal bekannten Bands spielten.

Einer dieser Genossen war Patrik A. aus Saarbrücken. Er war um einiges jünger als wir restlichen Sin Citys, hatte aber den gleichen musikalischen Hintergrund und war schon deshalb ein Bruder im Geiste. Als er uns dann auch noch eröffnete, dass er Bass spielte, hatten zumindest wir beide sofort einen gemeinsamen Hauptnenner. Denn in meinem Hinterkopf entstand sofort die Idee zu einer Band, die mir die Gomera-Pause überbrücken sollte.

Down The Drain (nach einem Titel von Krokus' Meisterwerk „One Vice At A Time") sollte das Projekt heißen, unter dessen Rock 'n' Roll-Piratenfahne wir von der Westpfalz aus Deutschland zumindest mal erschüttern wollten. Es sei aber gleich erwähnt, dass es nur zu vier kleinen Auftritten kam, denn unser durchaus exquisites Programm aus Songs von The Cult, Krokus, D.A.D. und Slade, um nur einige zu nennen, gefiel nicht wirklich vielen Leuten. Dazu kamen nach den besagten vier nur mäßig besuchten Auftritten auch noch die berühmten musikalischen Differenzen zwischen den Musikern, denn zwei der Fünferbande waren große Verehrer der Progressive-Metal-Band Dream Theater, mit der zumindest Patrik und ich nur sehr wenig anfangen konnten. Als der Ruf nach mehr Prog-Rock-Anteil im Programm dann offenkundig lauter wurde, kam es, wie es kommen musste: Down The Drain löste sich noch innerhalb des halben Jahres Sin City-Pause wieder auf. Die Freundschaft zwischen Patrik und mir sollte aber über einen viel längeren Zeitraum auf wunderbare Weise erhalten bleiben.

Zu erwähnen wäre vielleicht noch die klitzekleine Neuerung, dass ich während der Zeit mit Down The Drain nicht am Schlagzeug saß, sondern mich auf die Rolle des Sängers und Frontkaspers eingelassen hatte. Diese Tatsache, aber auch das schnelle Ende der Band veranlassten unseren reisefreudigen Sin City-Sänger später dazu, einen Text über mich zu verfassen, welcher in dem Song „Back" auf dem ersten Sin City-Album „And There Was Rock" Verwendung finden sollte. Eine Tatsache, die unser bestehendes Spannungsverhältnis zu diesem Zeitpunkt nicht gerade entschärfte.

Da wir die Rückkehr aus dem Liebesurlaub besprochen hatten und daher im Sin City-Lager gut planen konnten, standen nach Dirks Rückkehr relativ schnell wieder Auftritte an, für die aber nach der langen Zwangspause zuerst einmal geprobt werden musste. Allerdings hatte sich in der Zeit ohne Sin City auch James ein neues Punkprojekt namens Come Up Screaming aufgebaut, und es kam zu Terminproblemen, auf die von uns keiner so richtig Lust hatte. Wir wollten ja unvermindert dort weiterrocken, wo wir aufgehört hatten. Es war zumindest mir klar, dass ich auf weitere karrierebremsende Aktionen anderer Bandmitglieder keine Lust mehr hatte, und so brachte ich Patrik und seinen Bass ganz einfach in die Diskussion ein. Es wurde viel geredet, und es dauerte ein wenig, aber es kam, wie ich es insgeheim geplant hatte: Patrik wurde offiziell der neue Basser bei Sin City, und beim alljährlich im Juli stattfindenden Zweibrücker Stadtfest erhielt er 1995 seine Live-Feuertaufe auf der Rockbühne, die sich zum damaligen Zeitpunkt noch an ihrem alten Platz, der grünen Wiese direkt vor dem Zweibrücker Landgericht, befand.

KAPITEL 25
AND THERE WAS ROCK

Das Jahr 1996 sollte für Sin City dann ein sehr ereignisreiches werden, denn wir hatten uns nach Patriks Einstieg darauf geeinigt, auch ein paar eigene Songs mit ins AC/DC-Programm einzubauen. Was lag also näher, als auch eine CD mit selbst geschriebenen Songs in Angriff zu nehmen. Schließlich hatten wir uns in den letzten drei Jahren eine eigene lokale Anhängerschaft erspielt und erhofften uns darüber hinaus auch in den AC/DC-Fankreisen einen gewissen Absatz an Tonträgern mit unseren eigenen Stücken.

Da Eddi zum damaligen Zeitpunkt schon einige Songideen zu Papier gebracht hatte, nutzten wir diese bestehenden Fragmente, um sie in Sin City-Songs umzuwandeln. Die mal mehr, mal weniger fertigen Songs trugen jedoch noch sehr den Style unseres damaligen Sängers, und so hatten wir einige Mühe, den Songs unseren von AC/DC geprägten Geist einzuhauchen. Bei anderen Titeln hingegen gefiel uns die Grundidee so gut, dass wir kaum an ihnen herumdoktern mussten. So zum Beispiel „No Trust In You" oder „Doin' Everything", welche wir fast eins zu eins übernahmen. Wieder andere Stücke entstanden ganz einfach im Proberaum und wurden innerhalb mehrerer Proben fertiggestellt.

Bei zumindest einem Song, so erinnere ich mich, stand noch gar kein Text, als wir die Musik bereits im Studio aufgenommen hatten. Weswegen wir Dirk mehrfach ermahnt hatten, doch demnächst mal mit den Lyrics fertig zu werden, denn er hatte versprochen, gerade für „Back In Business" den Text beizusteuern. Noch heute sehe ich unseren ehemaligen Sänger im Studio sitzen, wie er sich die Wörter, die er gleich in der Aufnahmekabine zu singen hatte, aus den Fingern saugt. Unglaublich! Genau solche Aktionen entfernten mich immer weiter von unserem damaligen zweiten Sänger/Gitarristen, der mit seiner in meinen Augen oftmals an Desinteresse grenzenden Art nicht meiner Idee davon entsprach, wie die Band weiter nach vorne zu bringen war. Zumal es hier um nichts weniger als unser erstes eigenes Album ging, ich also voraussetzte, dass jeder zu 100 Prozent hinter der Sache stand.

Eine weitere unglaubliche, fast an Blasphemie grenzende Aktion Dirks hatte mich im Herbst des Vorjahres schon fast auf die Palme gebracht, und so wurde es für mich zusehends schwieriger mit ihm in meiner Band zu spielen.

Als AC/DC im Spätsommer 1995 ihr „Ballbreaker"-Album veröffentlichten, klingelte eines schönen Abends mein Telefon. Am anderen Ende der Leitung meldete sich Thomas Schade, der Vorsitzende des Daily-Dirt-AC/DC-Fanmagazins mit der frohen Kunde, wenn ich wolle, könnten ich und meine Bandmembers plus zwei bis drei Personen zur „Ballbreaker" Release Party am kommenden Wochenende nach Hamburg reisen, bei welcher auch Brian Johnson und Angus Young höchstselbst zugegen sein würden. Wenn ich ihm jetzt sofort zusagen könne, seien umgehend Backstagepässe für mich auf postalischem Weg unterwegs.

Natürlich sagte ich direkt zu, und voller Vorfreude unterrichtete ich meine Rock 'n' Roll-Brüder noch am selben Abend. Auch sie waren, genau wie ich, total aus dem Häuschen, und so charterten wir einen Kleinbus, um an besagtem Termin in Richtung Hamburg aufzubrechen. Einen Tage zuvor hatte ich sieben wunderschöne Backstagepässe für das Mega-Event per Post erhalten. Thomas, dafür nochmals allerherzlichsten Dank!

Es war der Morgen der Abreise. Treffpunkt 9 Uhr bei mir! Nach und nach trafen alle Reisewilligen ein, und als um halb zehn unser Sänger noch nicht erschienen war, riefen wir ihn zu Hause an. Ein völlig verschlafener Herr Gitarrist/Sänger hatte den Termin vergessen und versprach sich sogleich auf den Weg zu machen. Eine weitere Tasse Kaffee wurde für alle ausgeschenkt, und wir warteten eine weitere halbe Stunde, ehe wir nochmals anriefen, um höflich anzufragen, ob er denn schon unterwegs sei. Erneut meldete sich dieselbe verschlafene Person mit der Antwort: „Oh, ich bin wohl noch mal eingeschlafen!" Man kann sich sicherlich leicht vorstellen, wie wir Rock 'n' Roll-Infizierten reagierten.

Wenn man zu solch einem Event von AC/DC fast schon höchstpersönlich eingeladen wird und dann zur Kenntnis nehmen muss, dass andere Personen, von denen man glaubte, sie wären vom gleichen Geiste beseelt, völlig uninspiriert und lustlos mit einem so wertvollen Gut umgehen, dann ist die Enttäuschung schon sehr groß. Lange Rede, kurzer Sinn. Wir terminierten die Abfahrt auf zehn Minuten später und erklärten ihm, wenn er nicht erscheinen werde, müsse er notgedrungen auf den Ausflug verzichten.

Er schaffte es nur äußerst knapp, und ich blieb ihm gegenüber den ganzen Tag etwas reserviert, weil ich aufgrund meiner Enttäuschung echt verärgert war. Und das nun schon zum wiederholten Male.

Allerdings hatten wir beide in den frühen Morgenstunden nach der Veranstaltung noch gemeinsam bange Minuten auszuhalten, als wir uns bei dichtem Nebel auf der Autobahn A7 bei Soltau zu Fuß aufmachten, an einer nahe gelegenen Autobahnraststätte Benzin zu organisieren. Keiner aus der Rock 'n' Roll-Reisegruppe hatte nämlich im Überschwang des Erlebten daran gedacht, dass man unseren Kleinbus für die Heimfahrt hätte tanken müssen. Und so machten wir uns in einer sprichwörtlichen Nacht-und-Nebel-Aktion auf den Weg, den nötigen Kraftstoff für unseren Bus zu organisieren. Dummerweise lag der Rasthof mit Tankstelle auf der gegenüberliegenden Seite unserer Fahrtrichtung, und uns beiden blieb es nicht erspart, die Autobahn im Morgengrauen zu überqueren.

Die Release Party an sich war eine gelungene und dem Ereignis angemessene Veranstaltung, bei der wir Gelegenheit hatten, bei einem Bier mit Brian Johnson und auch Angus Young zu plaudern, ehe die beiden zahllose Gold- und Platin-Auszeichnungen entgegennehmen durften. Natürlich drangen an diesem Abend auch die ersten Ballbreaker-Klänge an unsere Ohren, worauf Viva/MTV-Moderator Markus Kafka nebst Kamerateam sogleich die ersten Höreindrücke der Anwesenden eindosen durften. Zum Interview genötigt, brabbelte ich ihm biertrunken irgendetwas rock 'n' rolliges ins Mikrofon, Prost!

Die Aufnahmen unseres Erstlingswerkes „And There Was Rock" endeten Anfang März 1996. Zuvor waren wir fast einen Monat täglich in den Sound Factory Studios in Saarbrücken Kleinblittersdorf zu Gast. Unter der Leitung von Michael Schorlepp und seinem damaligen dänischen Adjutanten Jess

Larsen spielten wir zuerst die Grundspuren unserer ersten Silberscheibe mit Drums, Bass und Rhythmusgitarre gleichzeitig live ein, ehe man anschließend kleine Ausbesserungsarbeiten, alle Gitarrensoli, sowie Gesänge und Chöre aufnehmen konnte. Interessant waren für uns damals all die technischen Details, die eine solche Aufnahme mit sich bringen sollten, denn wir waren schließlich fast alle zum ersten Mal in einem professionellen Tonstudio um eigene Songs aufzunehmen. Dementsprechend stolz waren wir natürlich, als uns am Ende der Aufnahme-Session die fertigen Aufnahme und Masterbänder übergeben wurden. Wenn wir gewusst hätten, was mit unseren Aufnahmen noch passieren sollte, hätten wir uns jedoch um das Mastering und die Vervielfältigung selbst gekümmert. Es war nämlich so, dass uns Michael Schorlepp eine Firma in Norddeutschland empfohlen hatte, mit der er schon oft zusammen gearbeitet hatte und die das Mastern der Aufnahmen übernehmen würde.

Zur Erklärung sei gesagt, dass das Mastern einer Audioaufnahme eigentlich dazu gedacht ist, der Aufnahme eine höhere Qualität zu verleihen, um ihr - um es mal vereinfacht darzustellen - bei der Wiedergabe auf einem kleinen Abspielgerät die gleiche „Breite" wie im Radio zu verleihen.

Wenn wir gewusst hätten, was am Schluss dabei herauskommen würde, wir hätten uns sicherlich nicht ganz so blauäugig auf die Sache eingelassen. Die Aufnahmen gerieten nicht viel „breiter" als erwartet, im Gegenteil, es wurde sogar noch zusätzlich etwas Hall auf die komplette Aufnahme gelegt, sodass wir mit dem Endprodukt vorerst nur bedingt glücklich waren. Als wir die fertigen 1000 CDs erhielten, waren wir also einerseits mächtig stolz, mussten aber einige

Monate warten, bis wir die Erstauflage verkauft hatten, um dann nochmals Hand an die Ursprungsaufnahmen zu legen, um sie erneut zu bearbeiten und dann mit der überarbeiteten, remasterten Version eine Zweitauflage pressen zu lassen. Dieser fügten wir dann sogar noch zwei Livesongs, quasi als zusätzlichen Kaufanreiz hinzu. Aber ich greife den Geschehnissen schon viel zu weit voraus.

„And There Was Rock" wurde mit etwa 100 geladenen Gästen, einer einmaligen Sin City Live Performance aller CD-Titel – die wir zum Teil seitdem nie wieder im Programm hatten – und einer ordentlichen Party im Eventkeller des Jugendzentrums Zweibrücken gebührend gefeiert.

Ein großartiger Tag für uns alle, hatten wir doch einen Traum umgesetzt und eigene Lieder auf CD gebannt. Nun standen uns die Hitparaden der Welt offen. Vom kleinen Playmobilfreund bis hierher. Ab jetzt schrieb ich Autogramme auf meine eigene CD. Was für ein Gefühl!

Lieber Leser,

das soll es bis hierher erst einmal gewesen sein. Die Sin City-Geschichte, meine Geschichte, geht weiter und wird weiter geschrieben. Seit 1996 ist wahnsinnig viel passiert. Von einigen notwendigen Besetzungswechseln, brennenden Gitarren, strippenden Tänzerinnen, zahlreichen Festen mit stadtbekannten Originalen, Unplugged Shows, Groupiegeschichten, Glocken, Merchandiseartikeln, Tattoos, befreundeten Musikern, weiteren CD Produktionen und zahlreichen AC/DC-Konzerten im In- und Ausland sowie eigenen Sin City-Auslandsreisen zu Rock 'n' Roll-Brüdern und Rock 'n' Roll-Schwestern soll im nächsten Teil des „Rock 'n' Roll Niemandsland" die Rede sein. Auch davon, ob Porty, der Typ mit der Wahnsinnsstimme, überhaupt wieder auftauchte.

Lars M. Lunova

„It's a long way to the top (if you wanna Rock 'n' Roll)"

Bon Scott

DANKSAGUNG

Ganz am Ende möchte ich mich noch bei einigen Leuten bedanken ohne die „Rock 'n' Roll Niemandsland" so nicht entstanden wäre.

Mein Dank geht an: Melanie Fiedler und das Pro Business Team, den Lunova Clan, Sabine Blatt für das tolle Foto (Du weißt welches!), Andy Kießling für´s unerschöpfliche Bilderarchiv und den damit verbundenen Erinnerungen, Thomas Büffel für´s erste Drüberlesen, Ute und Jürgen „King" König für die stete Motivation, der Speyer Connection für dies und das, Thorsten Albrecht, Hermann Allgeyer, Joe Krampf, Michi Anton, Tommi und Katri Manninen, Christian Diehl und Rockland Radio, Christian Spurk, Thomas Schade und allen AC/DC Fans around the globe. Außerdem allen Musikern mit denen ich bis hier her zusammen spielen durfte. Speziell möchte ich den Sin Citys und deren Frauen danken und natürlich meinem Bruder Dschürgen Gegner.

Ach ja, God Bless Angus Young!